Bohaterowie
są zmęczeni

zwierciadło

MARIA
NUROWSKA

Bohaterowie
są zmęczeni

Chciałabym podziękować gorąco
wszystkim tym, którzy pragną pozostać
anonimowi, a bez pomocy których
nie powstałaby ta książka.

Maria Nurowska

L

Spis treści

Leon

Kiedy po śmierci Leona Niemczyka ukazywały się wspomnienia jego kobiet, kolegów aktorów, mogłam się przekonać, jak mało o nim wiedzieli. Inny wielki aktor, Gustaw Holoubek, powiedział coś takiego: „Był człowiekiem bezkonfliktowym i jednym z najbardziej pogodnych aktorów".

Wygląda na to, że tylko przede mną obnażył swoją zranioną duszę. Te rany nie zagoiły się nigdy. Spotykał na swojej drodze kobiety, które chciały być przez niego kochane, mężczyzn, którzy nazywali siebie jego przyjaciółmi, ale od wczesnego dzieciństwa czuł się przeraźliwie samotny.

Miał tak bogaty życiorys, a życie jest tak ulotne, ludzie pojawiają się i znikają, że przyszła mi do głowy myśl, by te wszystkie jego przygody spisać. Spytałam, co o tym myśli. Początkowo bardzo się bronił:

– Ja sam o sobie wszystkiego nie wiem i nie chcę wiedzieć!

Wreszcie jednak ustąpił. Umówiliśmy się na pierwsze nagranie wiosną dwutysięcznego roku. Leon w grudniu kończył siedemdziesiąt siedem lat, ale w żadnym razie nie wyglądał na starca.

– Dwie siekierki! – zażartował. – Trzeba zacząć się rozglądać, czy nie czai się gdzieś za rogiem koścista starucha!

Była piękna, słoneczna pogoda, usiedliśmy więc na ławce w ogrodzie botanicznym pod rozłożystym krzewem bzu. Wyjęłam dyktafon.

– To co, jesteś gotów, zaczynamy?

– Taki zaszczyt mnie spotyka, że słynna pani dziennikarka będzie się babrała w moim życiu! I po co ci to, jestem starym odyńcem, o którym, kiedy tylko zamknę oczy, świat natychmiast zapomni. Użyźnię ziemi szmat...

– Skąd wiesz?

– Żyję już dostatecznie długo, aby wiedzieć parę rzeczy...

– Leon, data urodzenia!

– Zaczynamy od pieluszek?

– Od życiorysu!

– Jak chcesz poznać mój życiorys, przespaceruj się do policyjnego archiwum w Łodzi i tam na pewno go odnajdziesz. Napisany w dodatku odręcznie!

– Jak to?

– A tak to, że w osiemdziesiątym siódmym roku starałem się o pozwolenie na broń.

– I dostałeś?

– Dostałem.

– Dlaczego właśnie wtedy, czy coś ci zagrażało?

– A... miałem taką fantazję, jak wiesz, potrafię obchodzić się z bronią.

– Wiem, Powstanie Warszawskie.

– Nie tylko, służyłem w 444. batalionie przeciwlotniczym 97. Dywizji Piechoty 3. Armii Stanów Zjednoczonych pod dowództwem generała George'a Pattona.

– Dobrze, ale najpierw zacznijmy od życiorysu. Bo się pogubimy...

– Jest tak zagmatwany, że ja sam się pogubiłem, nie żal ci czasu, żeby się w to pakować?

– Wyobraź sobie, że nie!

- *So, let's go*. Urodziłem się... no się urodziłem, i co z tego?

Wciskam pauzę.

– Leon, ja już nagrywam! A jak będziesz tak marudził, to zacznę do ciebie mówić Leoś, jak twój przyjaciel Antczak!

– Błagam, tylko nie to, Jureczek jest zdolnym reżyserem, ale strasznym nudziarzem, a najgorsze, że wciąż opowiada odgrzewane jak obiad kawały! Idą dwie agrafki przez pustynię... A wiesz, co mają wspólnego odgrzewane obiady i stare żony? Grzebie się w nich bez przekonania.

– Jakby cię słyszał, to miałbyś przechlapane!

– I tak mam przechlapane, od lat mnie nie angażował...

– Boli cię, że nie zagrałeś Chopina.

– Ja miałbym grać takiego chuderlaka!

– Jesteś podobny do niego z profilu, a Chopin kulturysta to byłoby coś! A wiesz, dlaczego twój przyjaciel cię nie zaangażował? Bo rozmieniłeś się na drobne, przyjmujesz od lat każdą rolę, którą ci łaskawie zaproponują, a najbardziej mnie boli, że grywasz w telewizyjnych tasiemcach, które, moim zdaniem, są większą trucizną od świętej pamięci Polski Ludowej... Byliśmy wtedy biednym, ale myślącym narodem, a teraz elity zajmują się gromadzeniem majątków, a lud przed telewizorem śni na jawie, przyjmuje kolejną dawkę opium. Łatwiej mi wybaczyć Wajdzie, że w „Popiele i diamencie" oglądałam ideowego komunistę, a w końcówce „Ziemi obiecanej" czerwony sztandar na cały ekran, potem zresztą, kiedy zmieniły się czasy, sztandar zniknął, niż tym wszystkim scenarzystom, reżyserom i aktorom, którzy uczestniczą w ogłupianiu własnego narodu. A wiesz, dlaczego to robią? Dla kasy! I ty w tym uczestniczysz!

– Ale zasunęłaś epistołę, nigdy tyle nie mówiłaś.

– To twoja jedyna odpowiedź?

– A co mam ci odpowiedzieć, aktor był zawsze sprzedajną kurwą i tyle. I ja przynajmniej nie udaję, że jest inaczej. Włączaj ten swój dyktafon!

Urodziłem się pewnego pięknego grudniowego dnia w Warszawie tysiąc dziewięćset dwudziestego trzeciego roku, zostałem ochrzczony w kościele Świętego Krzyża i nadano mi imiona Leon Stanisław.

Mieszkaliśmy sobie na Dolnym Mokotowie w trzypokojowym mieszkaniu. Kiedy wyszedłem z pieluszek, dzieliłem pokój z moim starszym bratem Robertem. Nasza rodzina była bardzo muzykalna, ojciec grał na wiolonczeli, brat Wacław na skrzypcach i dobrze rokował, Ludwik na wiolonczeli, też nieźle rokował, lecz brakowało mu entuzjazmu, więc ojciec, chcąc go zachęcić, płacił mu za żarliwość po 50 groszy, co przed wojną nie było wcale mało. Mogłaś pójść za to do kina na przykład albo objeść się słodyczy. Ja grałem na pianinie, ale w przeciwieństwie do starszych braci nie rokowałem, więc ojciec wymyślił, że zostanę poliglotą, i posyłał mnie na lekcje angielskiego i niemieckiego, też przekupując pięćdziesięciogroszówką.

Atmosfera w domu... czy ja wiem, trochę przypominała dworzec kolejowy, ktoś ciągle wchodził i wychodził. Ale nie było w tym nic dziwnego, bo w niedużym mieszkaniu gnieździło się sześć osób. Rodzice, trzech braci, no i ja!

Ojciec zdecydowanie wyróżniał brata Wacława, widział w nim, nie bez powodu, przyszłego wirtuoza, matka zaś faworyzowała Ludwika, nie wiadomo dlaczego, bo żadnym orłem nie był, ciągle tylko mamrotał coś tam pod nosem, szepty i szumy wydzielał z siebie, że nic nie można było zrozumieć. Mieli z matką nawet swój szyfr i kiedy tak szeptali, wzbogacając ekspresję wokalną gestami, ktoś obcy mógłby pomyśleć, że dwie niemowy używają języka migowego. Kiedyś podsłuchałem rozmowę matki z naszą kuzynką, zwierzyła się jej, że zawsze chciała mieć córeczkę, a urodziła czterech budrysów.

– To dlatego hodujesz Ludwisiowi te loczki – pamiętam – roześmiała się krewna.

Bardzo to wtedy przeżyłem, Robert i Wacław byli od nas dużo starsi, więc matka tylko ze mną i Ludwikiem chodziła do fryzjera, mnie kazała strzyc na krótko, a jemu oczywiście zostawić te śliczne loczki!

Stanowiliśmy względnie szczęśliwą rodzinę, mimo że ojciec był hulaką i dziwkarzem. Zdradzał matkę na prawo i lewo, a jego flamy w pewnym momencie zrobiły się tak bezczelne, że chciały rozmawiać z „panem profesorem" nawet wtedy, gdy telefon odbierała matka. Robert za którymś razem tak się wkurzył, że odpowiedział:

– Pana profesora nie ma, pan profesor robi kupę!

Trzasnęła odkładana słuchawka. Od tej pory telefony ucichły. Opowiedziałem o tym w Spatifie i poszło w świat, ciągle ktoś wyjeżdżał z podobną historią.

Kiedyś, pamiętam, Ludwik spytał naszą matkę, dlaczego godzi się na te wszystkie zdrady ojca, a ona odrzekła z uśmiechem:

– Syneczku, wychodząc za niego za mąż, wiedziałam, że nie będę jedyna!

Matkę uwielbiałem, a ona jakby zapominała, że urodziła czwarte dziecko. Robiłem wiele, aby mnie jednak dostrzegła, starałem się być bardzo grzeczny albo przeciwnie, hałasowałem, rozrzucałem zabawki, wszystkie te próby natrafiały na mur obojętności z jej strony. Nie byłem dostatecznie silny, aby wywalczyć sobie odpowiednie miejsce w rodzinie, bracia zwracali się do mnie „mały" i często się mną wysługiwali, co mnie upokarzało i spychało w dziecięcą samotność. Nawet Ludwik, sam niewiele starszy, traktował mnie jak małe dziecko i starał się mi wymyślnie pomagać, kiedy zupełnie tego nie potrzebowałem... Ludwik sprawiał, że mój bunt stawał się jeszcze bardziej idiotyczny, niepoważny, marginalizował się.

Tak było do śmierci ojca w trzydziestym siódmym roku. Hulanki i swawole znacznie skróciły życie seniora rodu. Matka, aby utrzymać rodzinę, otworzyła sklep spożywczo-kolonialny. Starsi bracia, zajęci swoimi sprawami, nie kwapili się z pomocą. Robert wyjechał na Śląsk, Wacław wynajął kawalerkę na mieście i rzadko się pokazywał, a pupilek matki Ludwik dostał jakąś narodowo i patriotycznie ważną funkcję w harcerstwie i zajmowało mu to całe popołudnia. Miałem wtedy trzynaście lat i zaraz po lekcjach zjawiałem się w sklepie, z czego matka wcale nie była zadowolona.

– Lepiej odrób lekcje – słyszałem. – Tutaj będziesz tylko przeszkadzał.

Ale kiedy sklep zwiększył obroty, przekonała się, że mogę się jej przydać. Siadała przy kasie, a ja uwijałem się za ladą. Zwykle bladym świtem trzeba było jechać na targowisko po świeże warzywa i owoce. Czasami jeździło się na wieś, do chłopa. To najbardziej lubiłem, matka zamawiała konną dorożkę i mogłem usiąść obok woźnicy. Wydawałoby się, że zaskarbiłem sobie wreszcie jej uczucia, ale gorzko się rozczarowałem. W czasie krzątaniny w sklepie prawie się do siebie nie odzywaliśmy, a wieczorem, gdy była już bardzo zmęczona, do akcji wkraczał Ludwiczek. Przynosił jej stołeczek pod nogi, parzył ziółka, po chwili do uszek szeptali sobie pracowity dzień. Te ich czułości, poufałość... uważałem za niesprawiedliwość i narastała we mnie niechęć do starszego brata.

Raz nawet odważyłem się matkę zapytać:

– Czy mamusia mnie kocha?

Spojrzała zaskoczona:

– Kocham wszystkie swoje dzieci.

– A gdybym umarł, płakałaby mamusia po mnie?

– Co ci dzieciaku chodzi po głowie! – mówiła. – Ty mnie będziesz chował, nie ja ciebie!

Z czasem mój zapał do pomagania jej w sklepie osłabł, czułem się zraniony w swoich uczuciach, potraktowany przez nią niesprawiedliwie, postanowiłem więc zarobić prawdziwe pieniądze i w ten sposób udowodnić, że nie jestem już dzieciakiem. Rozlepiłem na mieście ogłoszenie: „Udzielam korepetycji z angielskiego i niemieckiego, dojazd do ucznia *gratis*". Podałem też numer telefonu, wiele sobie po tym nie obiecując, więc kiedy telefon milczał, nie byłem zbytnio rozczarowany. Któregoś wieczoru, przy kolacji, matka powiedziała:

– Dziwne, ktoś podał nasz telefon, bo dzwonią w sprawie korepetycji!

Znieruchomiałem z widelcem w ręku:

– I co mamusia mówiła?

– Że pomyłka!

– Jaka pomyłka! – wrzasnąłem. – To ja dałem ogłoszenie!

– Ty!

– Ja! Właśnie ja! Jestem w szkole prymusem z niemieckiego i tak samo dobrze znam angielski!

Pokręciła głową.

– Synu, ty masz dopiero piętnaście lat!

I tu, pamiętam, wtrącił się Ludwik.

– Leoś ma wielkie zdolności językowe, z powodzeniem może uczyć innych!

Matka nie wyglądała na przekonaną, ale odtąd zapisywała numery telefonów chętnych na korepetycje.

Pierwszym uczniem okazał się dziesięcioletni chłopiec, który mieszkał w willi otoczonej wysokim murem na dalekim wtedy Żoliborzu, wysyłano więc po mnie automobil. Limuzyna zajeżdżająca przed naszą kamienicę budziła sensację, a ja puchłem z dumy. Matka i Ludwik zachodzili w głowę, dlaczego tacy bogaci ludzie wybrali na korepetytora właśnie mnie. Wytłumaczenie było proste, rozpieszczony jedynak zrażał kolejnych nauczycieli, rodzice wpadli więc na pomysł, aby zatrudnić kogoś zbliżonego wiekiem, z kim Adaś znalazłby wspólny język.

Kiedy wszedłem do jego pokoju, bujał się na krześle i ostentacyjnie mnie nie zauważał. Myślę, że wtedy po raz pierwszy odezwała się we mnie żyłka aktorska. Usiadłem na drugim krześle, wyjąłem z teczki książkę i zagłębiłem się w lekturze. Kątem oka widziałem, że mój uczeń wierci się na krześle, ale nie zwracałem na to uwagi.

– Co czytasz? – spytał wreszcie.

– Bardzo ciekawą powieść.

– A o czym?

– O psie, który był wilkiem.

– To tak można? – Zainteresował się.

– Można, ale są z tego same kłopoty, o czym Biały Kieł przekonuje się na własnej skórze. Jego panem jest Indianin o przezwisku Szary Bóbr... Ale teraz wróćmy do lekcji angielskiego, za to mi twoi rodzice płacą.

Adaś złożył ręce jak do modlitwy:

– Błagam... opowiedz mi o tym Białym Kłu...

– A co z lekcją?

– Sam się nauczę.

– Na pewno?

– Jak Boga kocham!

I tak się stało. Zakreśliłem fragment, a on obiecał nauczyć się go na pamięć, uważałem to zresztą za najprostszą metodę, i zacząłem czytać, odpowiednio modelując głos: „Zdecydował się ukryć, w strumieniu, który już zaczął zamarzać, zgubił swój ślad. Potem wczołgał się w gąszcz i czekał. Nagle usłyszał Szarego Bobra – wołał go po imieniu. Potem słyszał inne głosy...".

A my usłyszeliśmy czyjeś kroki, więc szybko schowałem książkę i obaj pochyliliśmy się nad ćwiczeniami z angielskiego.

Do pokoju weszła mama mojego ucznia i na widok tej sielanki nie potrafiła ukryć radości. Przygotowywałem się już do wyjścia, kiedy zajrzała do przedpokoju.

– Jak się panu udało, panie Leonie, okiełznać mojego syna? Do pana poprzednika strzelał z procy!

Uśmiechnąłem się pod nosem.

– Mam swoje sposoby.

Następnym razem Adaś czekał na mnie na ganku. Wyrecytował zadany fragment, odpytałem go ze słówek i wróciliśmy do książki Londona.

– Na czym stanęliśmy?

-- „Potem słyszał inne głosy...”.

„Zadrżał ze strachu, jednak opanował siłę, która pchała do wyjścia z ukrycia. Po chwili głosy ucichły i wilczek wyczołgał się z krzaków, by cieszyć się z udanej ucieczki...” – chłopiec słuchał z otwartą buzią, chyba udało mi się wprowadzić go w świat, który go całkowicie pochłonął, czytałem dalej. „Poczuł chłód. Nie było już ciepłej ściany tipi, do której mógłby się przytulić. W łapy szczypał mróz. Czuł głód i przypomniał sobie, jak ludzie rzucali mu kawałki mięsa czy ryb. Tu w lesie nie było mięsa, tylko przerażająca smutna cisza...”.

Spojrzałem na Adasia, miał oczy pełne łez.

– Ty płaczesz?

– Bo... on jest sam i się boi...

Wtedy dotarło do mnie, że bez konsultacji z jego rodzicami wybrałem zbyt poważną literaturę dla tego chłopca. Był jeszcze dzieckiem, otoczonym miłością, ale i murem, który odgradzał go od prawdziwego życia. Automobil odwoził go i przywoził ze szkoły, po szkole przebywał tylko z dorosłymi, którzy mu wmawiali, że życie jest takie, jakie ogląda zza różowej firanki. Byłem w kłopocie, nie wiedziałem, jak zatrzymać te nasze sesje... Nie było mowy, aby przerwać lekturę, a czekały nas sceny pełne okrucieństwa i przemocy. Postanowiłem zniechęcić Adasia do powieści, czytając niechlujnie, monotonnym głosem, ale mały natychmiast zaprotestował. W tej sytuacji postanowiłem przeprowadzić z nim poważną rozmowę.

– Słuchaj, Adam, porozmawiajmy jak mężczyzna z mężczyzną, zgadzasz się?

Skinął głową.

– Będę ci czytał, jeśli nie będziesz się mazgaił.

– Dobrze.

I dotrzymał słowa, omijałem zbyt drastyczne opisy, ale okrucieństwa w tej powieści nie brakowało i kątem oka widziałem, jak chłopiec zaciska pięści i stara się nie mazgaić.

Trzeba przyznać, że miał małpią zdolność do języków i kwadrans, który poświęcaliśmy na naukę, całkowicie mu wystarczał. Zafascynowany losami wilka, odrabiał zadawane przeze mnie lekcje bez szemrania. I tak do wakacji przeczytałem mu całą powieść Jacka Londona.

Rodzice bardzo mi dziękowali, że ucywilizowałem ich syna, i wyrazili chęć, bym od września kontynuował lekcje, ale matka potrzebowała mojej pomocy w sklepie. Teraz sam miałem wybierać się na wieś po zakupy

Rok później, kiedy już tego rodzinnego sklepu nie było... w połowie października trzydziestego dziewiątego roku spotkałem na ulicy matkę Adama, w pierwszej chwili jej nie poznałem, bardzo się zmieniła, zgaszona, przygarbiona, cała w czerni. Dowiedziałem się od niej, że mój uczeń zginął w pierwszych dniach września podczas bombardowania Warszawy. Odchodziła już, kiedy powiedziałem:

– Muszę się pani do czegoś przyznać, zamiast uczyć pani syna angielskiego, czytałem mu powieść Jacka Londona „Biały kieł"...

Pamiętam, uśmiechnęła się smutno.

Miałem też innych uczniów i uczennice też, a jakże! Ale byli znacznie starsi od Adama, powodzeniem cieszył się język niemiecki, może dlatego, że ponad zachodnią granicą niosły się echa złowrogich przemówień Hitlera. W ostatnich dniach sierpnia trzydziestego dziewiątego roku atmosfera warszawskiej ulicy zmieniła się, wiesz, ludzie wyczekiwali... coś nieuchronnie miało nadejść. Ten niepokój potęgowały próbne alarmy lotnicze, ustawiały się kolejki po maski gazowe, długie ogonki klientów wystawały pod bankami. Mieszkańcy Warszawy wyjmowali swoje oszczędności, na gwałt robili zapasy, największe wzięcie miały zapałki, papierosy, cukier, mąka. Myślałem, że matka pośpieszyła się ze sprzedażą sklepu, teraz mielibyśmy wspaniały obrót.

Szóstego października odbyła się defilada zwycięzców, no cóż, mieliśmy nie oddać ani guzika od żołnierskiego płaszcza, ale teraz, gdy marszałek Śmigły-Rydz przez Zaleszczyki do Rumunii hyc-hyc-hyc... Hitler przyglądał się tej paradzie z trybuny w Alejach Ujazdowskich na placu Na Rozdrożu. Ja i Ludwik obserwowaliśmy z okna mieszkania naszej ciotki ten pokaz siły, maszerująca piechota, potężne działa, wozy pancerne, kolumny czołgów. Serce zamierało, kiedy się patrzyło na to, jak kraj chrzęści pod germańskimi gąsienicami.

– Jeszcze Polska nie zginęła... – odezwał się cicho Ludwik.

Kiedy wybuchła wojna, byłem za młody, aby iść na front, z własnej inicjatywy biegałem po mieście i informowałem saperów o pociskach do rozbrojenia, ale wkrótce dostałem postrzał w udo i przez rok chodziłem o kulach. Potem znalazłem zajęcie w biurze kreślarskim, jednocześnie uczęszczając do podziemnej podchorążówki. W ślad za Ludwikiem wstąpiłem do Armii Krajowej, byłem nastawiony wtedy bardzo patriotycznie i gotów do oddania życia za ojczyznę. Potem różnie z tym bywało, widziałem Polskę jako piękną i próżną kobietę, której się wydaje, że jej wdzięk wszystko załatwia, ale rzeczywistość brutalnie to korygowała. Ludwik był wyżej usytuowany w podziemnych strukturach i brał udział w poważniejszych akcjach. Moja komórka zajmowała się głównie małym sabotażem, większość z nas, w tym ja, nie mieliśmy broni i czułem się z tego powodu mało komfortowo. Któregoś dnia szukając czegoś na pawlaczu, natrafiłem na obły przedmiot owinięty w płótno, był to pistolet typu tetetka, dobrze zakonserwowany, chwilę nawet walczyłem ze sobą, czy by go nie pożyczyć, jednak odłożyłem z powrotem.

W lutym czterdziestego trzeciego roku, jeszcze przed godziną policyjną, podczas tajnego zebrania, w którym uczestniczyłem, doszło do wsypy. Albo był między nami kapuś, albo ktoś nie wytrzymał tortur na Szucha. Najpierw przed kamienicę zajechały budy, potem łoskot podkutych butów na schodach i walenie kolbami w drzwi. Nie namyślając się, otworzyłem okno w kuchni i skoczyłem w ciemność. Uważałem, że lepsza złamana noga niż aresztowanie i tortury. Nigdy się nie wie, ile można wytrzymać. Krzew bzu, o, taki jak ten, pod którym siedzimy... zamortyzował skok i szczęśliwie nie odniosłem żadnych obrażeń. Siedząc w krzakach, widziałem, jak wyprowadzają kolegów, ale moja godzina jeszcze nie wybiła...

Następnego dnia gestapo przyszło po mnie, więc jednak ktoś się załamał. Szczęśliwie nie było mnie w domu, a matka pokazała gestapowcom wizytówkę Hansa Franka, dzięki czemu nie doszło do rewizji i aresztowania całej rodziny. Kiedy się o tym dowiedziałem, przyszła mi na myśl owinięta w szmatę tetetka i zimno mi się zrobiło. Oczywiście należała do Ludwika, bo tylko my dwaj byliśmy w podziemiu. Robert przeszedł w dzieciństwie szkarlatynę, miał uszkodzone bębenki i słabo słyszał, więc nikt by go nie przyjął do konspiracji, a Wacława pochłonęła kariera muzyczna. Panicznie obawiał się kontuzji dłoni, które w przyszłości miały mu przynieść wielką sławę i majątek.

Niemcy zabrali na Pawiak tylko Roberta i przykazali, abym sam się nazajutrz do nich zgłosił. Bojąc się o matkę, miałem taki zamiar, ale Ludwik mi to wyperswadował. Stwierdził, że Roberta wypuszczą, a mnie nie będą więcej szukać. Takie akcje są zwykle jednorazowe, chyba że gestapo ma jakieś poważne zarzuty. Brat załatwił mi lewe papiery na nazwisko Jerzy Królikowski.

A z tą wizytówką generalnego gubernatora to był zwykły zbieg okoliczności. W Filharmonii Warszawskiej miał wystąpić niemiecki skrzypek, bodajże Georg Kulenhaupt, ale pociąg z Berlina został ostrzelany i wiadomo było, że nie dojedzie na czas. Więc dyrektor filharmonii posłał gestapowców po mojego brata Wacława, który już przed wojną był znanym wirtuozem. Po koncercie braciszek dostał kosz kwiatów z wizytówką Franka...

Na przeczekanie, przyschnięcie sprawy Ludwik wysłał mnie do Krakowa. Inżynier B. przyjął mnie bez zbędnych pytań i pracowałem w jego firmie jako zwykły robotnik. Nie wiem, jakie układy łączyły go z moim bratem, ale zaproponował mi, abym zamieszkał w jego domu. Traktowano mnie tam jak członka rodziny. Inżynier miał ładną, miłą żonę i niewiele młodszą ode mnie córkę Wandę, która od razu skojarzyła mi się z Zutą z „Ferdydurke", wiesz, „była wysportowana, gładka, gibka, giętka i bezczelna". Czułem się niepewnie w jej obecności, tym bardziej że cały czas obserwowała mnie spod oka. Najgorzej było w czasie obiadu, bo u państwa B. nawet najbardziej skromne dania podawano na porcelanowej zastawie i rozkładano srebrne sztućce, a ja schamiałem przez te lata wojny i nie zawsze wiedziałem, co jest do czego. Czując na sobie ten bazyliszkowy wzrok Wandy, peszyłem się jeszcze bardziej. Chętnie stołowałbym się gdzieś na mieście, ale nie było o tym mowy. Inżynierostwo w odróżnieniu od ich córki nie przypominali Młodziaków z powieści Gombrowicza, byli ludźmi... jak by to powiedzieć, światłymi, mieli w domu imponującą bibliotekę, z której chętnie korzystałem. Całe noce zaczytywałem się w dziełach Conrada, jego powieści bardzo działały na moją wyobraźnię, zacząłem nawet snuć plany, że po wojnie wstąpię do marynarki.

W końcu otrzymałem wiadomość od Ludwika, żebym wracał do Warszawy, więc jeden taki w firmie, którego wuj był maszynistą, załatwił mi, za litr czystego spirytusu, podróż lokomotywą!

No i to Powstanie!

Nie dostałem wymarzonego karabinu do ręki, ale przenosiłem broń kanałami i przeprowadzałem ludzi. Często dostarczałem ze Śródmieścia na Stare Miasto żarcie, bo oni tam mieli kłopoty z zaopatrzeniem. Raz taki jeden wydał mi się podejrzany, więc nie chciałem przekazać mu prowiantu, nazwał mnie za to gównojadem i musiałem go poczęstować prawym sierpowym.

Na Starówce poza tym zajściem z Tanatosem po raz pierwszy zwróciłem uwagę na Erosa... płeć piękną, bardziej interesowało mnie wtedy rozbieranie na części karabinka niż najładniejszej nawet dziewczyny. Ale Zosia była taka delikatna, tak nie pasowała do tego horroru wokół, że mnie to bardzo ujęło. Brnąc po kolana w ściekach, cieszyłem się, że ją zobaczę, ale miałem delikatny problem zapachowy, jak wszyscy zresztą, którzy często wędrowali kanałami. Zwróciłem uwagę, że jedna z moich koleżanek zaraz po wyjściu z kanału wyciąga buteleczkę i skrapia się jakimś płynem. Spytałem ją, co to takiego, odpowiedziała, że woda kolońska. Po powrocie do Śródmieścia chciałem się zaopatrzyć w taką wodę, ale inna koleżanka wyjaśniła mi, że woda kolońska jest chodliwa, wszyscy kanałowicze jej szukają, i zaproponowała perfumy. Pamiętam, dostałem sporą butelkę firmy Helena Rubinstein. Okazało się, że w piwnicy budynku, w którym była kiedyś znana perfumeria, znaleziono kilka skrzyń pachnącego towaru. Używałem tych perfum z umiarem, nie znając do końca ich działania, i na wszelki wypadek trzymałem się na bezpieczny dystans od mojej sympatii. Koledzy wręcz mnie namawiali, abym wziął tę Zośkę na stronę i porządnie wymiętosił. Widać, że jest chętna, tylko na to czeka! Ale dla mnie ona była uosobieniem czystości, wonną różą... i nigdy bym się nie posunął do czegoś podobnego. Zakiełkowała w nas miłość. To jej: „Kiedy teraz będziesz?" znaczyło więcej niż jakiekolwiek zaklęcia.

– Jutro – powiedziałem. To jutro to miał być trzynasty sierpnia... Brnąc w cuchnącym szlamie po kolana, myślałem tylko o tym, że zobaczę Zosię. Oczywiście miałem w pogotowiu Helenę Rubinstein...

Kwatera dowództwa mieściła się wtedy na rogu Długiej i Podwala, ktoś Zosię powiadomił, że się tam pojawiłem i zaraz przybiegła. Wszyscy mówili o zdobycznym „czołgu", który stał u wylotu Kilińskiego, chciałem tam pójść, ale Zosia mnie odciągnęła, wolała być ze mną sama. Weszliśmy do jakiejś bramy, czułem tak blisko jej dziewczęce szczupłe ciało i było we mnie więcej czułości niż pożądania. Nagle potężny wybuch, mury się zatrzęsły, tynk sypnął się nam na głowę!

To była masakra... w promieniu kilkuset metrów ochłapy mięsa, urwane ludzkie kończyny, strzępy ciał zwisały z rynien, balkonów, ludzie pokaleczeni odpryskami szkła z powybijanych okien, z twarzami zalanymi krwią, poruszali się niczym ślepcy. Ta scena do tej pory pojawia się w moich snach...

Są różne hipotezy, czy goliat nafaszerowany pięciuset kilogramami materiałów wybuchowych był tam celowo podstawiony przez Niemców dla zniszczenia jakiejś barykady, czy też zdarzył się wypadek. Koledzy rzucali butelkami z benzyną w niemieckie czołgi, a ci wycofując się, zostawili to żelastwo, pewnie bali się, że wybuchnie... Mamy skłonność do teorii spiskowych, moim zdaniem to nie był żaden koń trojański, tylko głupota moich kolegów, że go uruchomili... Dlaczego nie zdziwiło ich, że Niemcy nie próbują zniszczyć utraconego „czołgu" ogniem artyleryjskim? Do dziś nie wiadomo, kto wydał rozkaz, żeby wprowadzić „czołg" nieznanego typu w głąb Starego Miasta.

Nie udała nam się randka, Zosia została ranna, odłamek szkła ugodził ją w skroń, na szczęście niegroźnie. Nawet tego nie poczuła, to ja zobaczyłem strużkę krwi spływającą jej po policzku.

Musiałem wracać do Śródmieścia, spytała jak zwykle: „Kiedy będziesz?". Chciałbym z nią zostać, ale byłem żołnierzem i wypełniałem rozkazy. Ostatni raz odbyłem wędrówkę kanałami w towarzystwie łączniczki, która wiedziała, że niesie rozkaz o ewakuacji Starego Miasta. Kiedy wydostaliśmy się na zewnątrz, uderzyły nas sceny jak z płócien Boscha.

Worki z piaskiem ułożone wokół włazu do kanału zagradzały drogę napierającemu tłumowi cywilów, kobiety z dziećmi na rękach klękały przed oficerem pilnującym ewakuacji, błagając, aby je przepuścił. Ale pierwszeństwo mieli powstańcy i ciężko ranni. Przedzierałem się przez tłum, szukając Zosi, nigdzie jej nie było. Pytałem o nią kolegów, kręcili głowami, więc wróciłem do włazu, jedynego miejsca, gdzie jeszcze można było się spotkać. Niestety, otrzymałem rozkaz, aby pomóc przy transporcie ciężko rannego kolegi. Był nieprzytomny, miał wysoką gorączkę.

– Czekam na narzeczoną – mówiłem zrozpaczony. – Jest żołnierzem, jak my...

– Skoro jest żołnierzem, da sobie radę bez ciebie – odparł oficer. – Ruszaj!

Schodziłem do kanału z ciężkim sercem, czułem, że już jej nie zobaczę.

Na początku października czterdziestego czwartego roku wraz z innymi opuszczałem rodzinne miasto w poczuciu klęski nie tylko wojskowej, ale i moralnej, to ja brałem udział w tej hekatombie, którą sami wywołaliśmy. Miasto leżało w gruzach, oprócz moich kolegów zginęły tysiące cywilów, czułem się za to osobiście odpowiedzialny. Przecież rwałem się do walki, chciałem strzelać do Niemców! Co prawda nie zabiłem żadnego, ale różne były zadania, za każdym razem schodząc do kanału, nie mogłem być pewny, czy ujrzę jeszcze światło dzienne.

Chęć zemsty tłumiła w nas młodych wszystkie inne uczucia, ale mieliśmy dowódców, doświadczonych wojskowych, którzy dokładnie wiedzieli, jaką cenę będzie musiała zapłacić ludność cywilna. Jakiś czas temu rozpętała się dyskusja, czy Powstanie powinno było wybuchnąć w mieście pełnym kobiet i dzieci, ktoś wysunął argument, że przecież naczelny wódz Bór-Komorowski nie wywiózł z Warszawy swojej ciężarnej żony. Jestem człowiek nerwowy, więc wygarnąłem, co o tym myślę! Przeprowadzając ludzi kanałami, często słyszałem obelgi i złorzeczenia pod adresem Armii Krajowej. Byłem też świadkiem sceny, kiedy na Starym

Mieście kobieta przyniosła do kwatery dowódcy zwłoki kilkuletniego syna i bez słowa położyła mu je pod nogi. Stała nieruchomo, cała w czerni, z tragicznym wyrazem twarzy, chyba coś jej się pomieszało w głowie. Kiedy sanitariuszki wzięły ją pod ręce, nie stawiała oporu, poszła z nimi. Pochowaliśmy dziecko i postawiliśmy drewniany krzyż z napisem: „Tu leży nieznany mały chłopiec". Długo prześladował mnie obraz tej powstańczej Niobe.

Po kapitulacji wtłoczono nas do wagonów i pociąg wyruszył w kierunku Pruszkowa. Słyszałem głosy kolegów, że nasi „dzielni" dowódcy wynegocjowali z Niemcami, iż uznano nas za jeńców wojennych. I to jedyne nasze zwycięstwo – myślałem z goryczą. Nie miałem złudzeń, dokąd Szwaby nas wiozą, i nie chciałem przechodzić na ich wikt i opierunek. Oczywiście musiałbym skakać z wagonu na główkę, ale w swoim krótkim życiu kilka razy już to przetrenowałem. Kiedy pociąg zwolnił, na zakręcie szarpnąłem drzwi i skoczyłem z wagonu. Przekoziołkowałem tuż obok betonowego słupa, o który mógłbym się roztrzaskać, i przywarłem do ziemi. Pociąg pojechał dalej.

Udało mi się dotrzeć do Krakowa. Zapukałem do drzwi inżyniera B., otworzyła jego żona. Okazało się, że inżynier wraz z ekipą pracuje teraz we Wrocławiu przy naprawie torów. Tam go odnalazłem. Z miejsca mnie uprzedził, że nadciągają Rosjanie, więc Niemcy robią nerwowe ruchy, mogą nas rozstrzelać albo zabrać ze sobą. Sprawdził się wariant drugi, zostałem wywieziony do Niemiec, gdzie trafiłem do bauera pod Norymbergą. Hodował bydło, więc co wieczór musiałem wydoić dziesięć krów!

Tu się musiałam wtrącić.

– A co z generałem, który ze względu na twoją biegłą znajomość niemieckiego zatrudnił cię jako stewarda?

Leon wyraźnie się speszył.

– A co miałem mówić, że zostałem oborowym?

Po tym koszmarze, gdy na moich oczach ginęła Warszawa, nagle obrazek sielsko-anielski, obora pachnąca mlekiem, zwierzęta spokojnie przeżuwające siano. Wspierałem się czołem o krowi bok i uchodziła ze mnie ta straszna trucizna, walące się mury, krzyki uwięzionych pod gruzami... A potem tuliłem się do boku urodziwej żony bauera. Typowo nordycka uroda, włosy jasnoblond, duże, niebieskie oczy, ponętne usta i wyraz twarzy, jakby się wszystkiemu dziwiła. Figura też bez zarzutu, chociaż, jak na mój gust, miała zbyt obfite piersi. Może doświadczenia z krowimi wymionami wpłynęły na mój stosunek do tej części kobiecego ciała. I tak zostało mi do dziś.

Frau Linke, bo tak się nazywała, była dużo młodsza od męża i wyraźnie się przy nim nudziła. Muszę powiedzieć, że dobrze mnie traktowali. Szczególnie ona użalała się nade mną, że jestem taki mizerny, i ciągle podtykała mi coś do jedzenia. Jadałem z nimi przy jednym stole, co nie było chyba regułą w stosunkach gospodarz – niewolnik, nazywając rzeczy po imieniu. Pewnego dnia Frau Linke zajrzała do służbówki, którą zajmowałem.

– Wygodnie tu panu, Herr Leon? – spytała; oboje mówili do mnie *per* pan. Może też trochę ich peszyło, że zwracam się do nich czystą niemczyzną, a oni odpowiadają gwarą.

Frau Linke usiadła obok mnie na tapczanie i zrobiła taki ruch, wiesz, jakby sprawdzała sprężyny.

– Bardzo wygodnie – odrzekłem.

Zapadła niezręczna cisza.

– Herr Linke pojechał do Norymbergi za interesami – zaczęła. – Wróci pojutrze...

Było to tak wymowne, że tylko głupiec by się nie domyślił, o co jej chodzi. Rzecz w tym, że ja jeszcze wtedy byłem prawiczkiem i nie miałem pojęcia, jak się do tego zabrać. Ale ona wzięła sprawy w swoje ręce. Odtąd, kiedy tylko Herr Linke znikał z pola widzenia, lądowaliśmy na tapczanie. Trochę głupio się czułem, bo nawet jakoś polubiłem jej męża, typowy Bawarczyk, niedźwiedziowaty, z wydatnym brzuchem. Litrami żłopał piwo, poza tym był miłośnikiem zawodów hippicznych. Mocno ubolewał nad tym, że zamiast stadniny rasowych ogierów hoduje bydło rogate. Z wielkim uznaniem wyrażał się o polskiej hodowli w Janowie, uważał nawet, że nasze konie nie miały konkurencji nie tylko w Europie, ale i na świecie. Niemieccy hodowcy często jeździli do Janowa na aukcje, a on sam przed wojną bywał tam kilkakrotnie, „żeby chociaż popatrzeć na konie". Nie były na jego kieszeń. Na olimpiadzie w Berlinie w trzydziestym szóstym roku kibicował polskiej drużynie w konkursie konia wierzchowego. Pamiętał nawet nazwiska zawodników: Leliwa-Roycewicz, Kulesza, Kawecki...

– Zdobyli srebro, Herr Leon, ale przy takich koniach powinno być złoto!

Przytakiwałem mu, ale bez entuzjazmu, bo była mi to dość obca dziedzina sportu.

Ale potem, wiesz, ona chyba się we mnie zakochała, postanowiłem to wykorzystać i kiedy Amerykanie wkroczyli do Nadrenii, wyznałem jej, że chciałbym się do nich przedostać. Obiecała mi pomóc. Kiedy Herr Linke znów oddalił się w interesach na parę dni, wyruszyliśmy półciężarówką w tę ryzykowną podróż. Od dynamicznej linii frontu dzieliło nas około trzystu kilometrów, a więc trasa do pokonania w kilka godzin, oczywiście o ile nie byłoby jakichś niespodzianek po drodze. Minęliśmy Wirtzburg, a już po niecałej godzinie dostrzegliśmy z daleka most pontonowy na Renie i duże ruchy wojsk. Był dwudziesty drugi marca czterdziestego piątego roku, a więc stałem się świadkiem historycznego momentu przekraczania Renu przez Amerykanów! Opowiadano mi, że kiedy dowódca 3. Armii Stanów Zjednoczonych generał George Patton przeszedł most, przy akompaniamencie głośnych braw, ponoć przypieczętował zwycięstwo, sikając do rzeki.

Dalszą trasę musiałem pokonać piechotą, więc należało się pożegnać. Stanęliśmy naprzeciw siebie.

– Herr Leon – zaczęła, nie mogłem jej zmusić, by mówiła mi po imieniu – pan jest pięknym człowiekiem, niech się panu wiedzie...

Pocałowałem ją w rękę i ruszyłem na kolejne spotkanie ze swoim losem.

– Jak miała na imię Frau Linke?

– Wiesz, że nie pamiętam...

Im bliżej byłem pontonowego mostu, tym czułem się mniej pewnie. A jeśli oni pomyślą, że jestem działającym na tyłach dywersantem? Dla bezpieczeństwa postanowiłem iść z podniesionymi rękami. Przeprawa trwała w najlepsze, był straszny hałas, samochody i amfibie wjeżdżały na most. Zauważono mnie, gdy byłem już blisko i jeden z żołnierzy pod bronią zaprowadził mnie do dowódcy. Od razu przedstawiłem się, powiedziałem, że jestem Polakiem, żołnierzem Armii Krajowej, wywiezionym do Niemiec i chciałbym wstąpić do armii amerykańskiej. Wszyscy obecni przy tym wybuchnęli gromkim śmiechem. Oficer zapytał, skąd tak dobrze znam angielski, odparłem, że uczyłem się od dziecka. A potem spytał, czy ktoś może potwierdzić moją tożsamość. Odparłem, że naczelny wódz Powstania Warszawskiego generał Bór-Komorowski. Nie wiem, jak mnie sprawdzili, myślę, że zadecydowało to, iż znałem też biegle niemiecki, a oni potrzebowali tłumaczy. Na początku pełniłem właśnie taką rolę, potem byłem kierowcą pułkownika z oddziału transportowego, objeżdżaliśmy willysem tyły.

3. Armia generała Pattona szła jak burza przez południowe Niemcy, wkroczyła do Czechosłowacji, oswobadzając kobiecy obóz koncentracyjny, i ja miałem w tym swój udział.

Szok, to był szok, kiedy wyszły nam naprzeciw te kobiece cienie. Zatrzymały się o kilka kroków od nas i widzieliśmy tylko ogromne oczy w obciągniętych skórą czaszkach. To były właściwie żywe trupy w pasiakach, zwały martwych mijaliśmy po drodze. Tych zwłok było tak dużo, że sprowadzono buldożery, które spychały je do dołów, niektóre trupy były nagie, właściwie to już nie byli ludzie, tylko obciągnięte skórą szkielety.

Widziałem, że ci amerykańscy chłopcy są bliscy załamania, tak byli nieprzygotowani na podobny widok. Nie mogli pojąć, jak to możliwe, że ludzie ludziom zgotowali ten los. I wtedy, to nie było wykalkulowane, podszedłem do pierwszej z brzegu, chyba młodej, kobiety, była w pasiaku, głowę miała obwiązaną chustką. Skłoniłem się przed nią i wziąłem za rękę, początkowo się opierała, ale gdy zagwizdałem „Tango Milonga", zaczęliśmy tańczyć. I nagle zrobił się ruch, one wszystkie pobiegły w stronę żołnierzy, obejmowały ich, rzucały się im na szyję, był wielki płacz, po jednej i po drugiej stronie.

Po latach dostałem list od kobiety, która była więźniarką tego obozu i zapamiętała mnie przez ten taniec. Umawialiśmy się kilkakrotnie, ale ciągle coś mi wypadało.

3. Armia mogła spokojnie wejść do Pragi, jak wcześniej do Paryża... byliśmy kilkanaście kilometrów od miasta, gdy nadszedł rozkaz od Eisenhowera, aby cofnąć się w okolice Pilzna. Woziłem wtedy oficera łącznikowego od plutonu do plutonu i wszyscy byli tym rozkazem zdumieni, a Patton dostał szału, pod adresem głównodowodzącego poleciały wszystkie możliwe wyzwiska.

W połowie września czterdziestego piątego roku długoletniego kierowcę Pattona Johna Mimsa zastąpił inny żołnierz. Generał nie miał do niego zaufania i Mims, z którym się lubiliśmy, polecił Pattonowi mnie. Do tej pory widywałem go z daleka, teraz nagle stanąłem z nim twarzą w twarz, i nie powiem, łydki mi się trochę trzęsły. Miał coś hipnotyzującego w oczach, pojąłem wtedy, dlaczego żołnierze tak go szanowali, chociaż zyskał przydomek „Old blood and guts".

Patton był wytrzymały fizycznie, zwykle wystarczało mu kilka godzin snu, dzielił wszystkie niewygody ze swoimi żołnierzami i oni to doceniali. Poza tym był naprawdę wybitnym dowódcą, można powiedzieć, że jego zwycięstwa pod Gafsa i Gela przesądziły o losach wojny w Afryce. I niestety zwykle tak jest, że jeżeli ktoś przerasta otoczenie o głowę, wystawia się na ataki. Wrogowie Generała czekali tylko, kiedy się potknie, i stało się tak podczas jego wizytacji w szpitalu polowym, gdzie żołnierza chorego na „nerwicę okopową" potraktował jako symulanta i spoliczkował. Od razu to nagłośniono, a Eisenhower na dowódcę nad wojskiem amerykańskim w Anglii mianował generała Bradleya, o którym Patton miał jak najgorsze zdanie. Szeroko się na ten temat rozwodził.

Byłem jego kierowcą do „specjalnych poruczeń", jak to nazywał, wzywał mnie, kiedy wybierał się gdzieś, wiesz, incognito. Miał takie swoje hobby, którego się trochę wstydził, uwielbiał obserwować ptaki, więc często jeździliśmy po jakichś rezerwatach czy ostojach... Nie wiem, skąd czerpał informacje na przykład o tym, gdzie gromadzą się żurawie. Czasem trzeba było zarwać noc, aby dojechać na miejsce przed godziną czwartą rano. Były to całe widowiska baletowe. Ptaki przygotowywały się do odlotu i odstawiały jakiś pożegnalny taniec. Generał robił im z ukrycia zdjęcia.

Podczas jednej z takich eskapad spytałem go, dlaczego Rosjanie pierwsi weszli do Pragi, skoro my staliśmy pod miastem. Trafiłem w jego czułe miejsce.

– Powinieneś zapytać „Boskie przeznaczenie", a nie mnie – wiedziałem, że tak nazywał Eisenhowera. – Tego przygłupa i pijaka! Wiesz, ile on potrafi wlać w siebie wódy! Zarządził, nie wchodzimy do Pragi i do Berlina! To jakieś ich tam zasrane kalkulacje i polityka psa z podkulonym ogonem!

Generał był przeciwny podziałowi Niemiec, nienawidził komunistów i uważał, że trzeba na nich uderzyć teraz, kiedy jeszcze nie mają broni atomowej, zanim nie zechcą opanować całego świata.

– Pan generał proponuje trzecią wojnę światową?

– Na to wygląda – odrzekł. – Sowieci wykrwawili armię. Trzeba urwać im łeb teraz, zanim ich szpiedzy nie ukradną nam nowych technologii! Ale ci tchórze odebrali mi armię i zrobili ze mnie administratora. Wiem, że trzęsą portkami, abym nie przyćmił nienależnej im sławy... A ty co o tym myślisz, Polaku, warto złapać Sowietów za gardło?

– Melduję, że jestem za, panie generale.

Spodobała mu się moja odpowiedź, często podkreślał, że nas lubi, według niego byliśmy odważnym narodem i umieliśmy się bić.

Któregoś dnia zauważyłem dziewczynę w wojskowym płaszczu, siedziała na ławce przed kantyną. Miała krótko ścięte, czarne włosy i twarz, która, gdy na mnie spojrzała, wyryła w pamięci niezmywalne piętno. Natychmiast się zakochałem. Bluznęła jasność... porażony, ledwie trafiłem do drzwi kantyny, serce mi waliło. Wiesz, miłość niczym śmiertelna choroba, na którą brak lekarstwa.

Dowiedziałem się, że jest tłumaczką z niemieckiego i niewiele więcej, może to tylko, iż jest nietykalna. Paru chłopaków już dostało kosza, mimo to, kiedy kilka dni później pojawiła się w kantynie i stanęła przy barze, odważyłem się do niej podejść.

– Mogę postawić ci piwo? – spytałem po niemiecku.

Skinęła głową, więc usiedliśmy przy stoliku. Oboje byliśmy skrępowani.

– A mogę wiedzieć, jak masz na imię?

– Nina – patrzyła na mnie oczami spłoszonej sarny.

– A ja Leon.

– Leo – powtórzyła – skąd jesteś?

– Nie wyglądam na Jankesa, skoro pytasz. Jestem Polakiem.

Opowiedziałem jej o wywózce, pracy u bauera pod Norymbergą i sposobie, w jaki dołączyłem do Amerykanów. Rozbawiła ją scena, kiedy to z podniesionymi rękami maszerowałem w stronę pontonowego mostu na Renie. W pewnej chwili spojrzała na zegarek i powiedziała, że musi już iść.

– Ale spotkamy się jeszcze? – spytałem zaniepokojony.

Skinęła głową.

Odtąd przesiadywałem w kantynie, czekając na nią. Po kilku dniach zobaczyłem Ninę w drzwiach, wydało mi się, że znam ją od zawsze i wiem o niej wszystko. A nie wiedziałem nic.

Kiedy podeszła, zerwałem się i odsunąłem jej krzesło.

– Jak Polak, to wiadomo, *dżentelmen*. – Uśmiechnęła się.

– Wielu znasz Polaków?

– Tylko jednego, ciebie, ale uwielbiam prozę Conrada, a on był z pochodzenia Polakiem.

– Ja też go uwielbiam!

– Tak myślałam.

Przyniosłem z bufetu piwo; pamiętam, śpiewał Frank Sinatra, na parkiecie pojawiło się kilka par i poprosiłem Ninę do tańca. Czułem blisko jej ciało i krew się we mnie burzyła.

Spotykaliśmy się teraz codziennie, przesiadując do późna w kantynie. Zdążyłem opowiedzieć jej cały życiorys, a ona milczała. Próbowałem różnymi sposobami coś z niej wyciągnąć, ale natychmiast reagowała jak spłoszony ptak, który zaraz miał odlecieć...

– Nie jestem wścibski – mówiłem. – Kocham ciebie i chciałbym wiedzieć o tobie wszystko, co dobre w twoim życiu i co złe...

Nina długo się nie odzywała.

– Kochałeś już kogoś?

– Raz byłem zakochany, miała na imię Zosia, też walczyła w powstaniu... ale pogubiliśmy się...

– Jak to się pogubiliście?

– W czasie ewakuacji z jednej dzielnicy do drugiej. Trzeba było schodzić do kanału, a ona się nie pojawiła przy włazie, otrzymałem rozkaz i nie mogłem już na nią czekać.

- Myślisz, że zginęła?

– Tak myślę...

– Ale pewności nie masz.

– Chciałbym, żeby żyła... ale to było w tamtym życiu...

– A w tym?

– W tym jesteś ty!

Około północy wyszliśmy z kantyny, jak zwykle odprowadziłem ją pod kancelarię, gdzie mieszkała. Tym razem wzięła mnie za rękę i zaprowadziła na górę. Pokoik był niewielki, łóżko, stół, szafa, w rogu za kotarą umywalka, ale znać było kobiecą rękę, wiesz, drobiazgi: obrazek na ścianie, wazonik, zasuszone kwiatki, wszystko to sprawiało, że wnętrze było przytulne.

Nie wiem dlaczego, ale byłem niemal pewien, że dla niej będzie to ten pierwszy raz i bardzo mnie to stresowało. Miałem niewielkie doświadczenie w tych sprawach, przy Frau Linke nie musiałem się starać. Ale to nie był pierwszy raz dla Niny, pomyślałem, że ubiegł mnie któryś z kolegów i raczej byłem mu za to wdzięczny...

Kiedy wyciągnęła rękę, aby zapalić lampkę, dostrzegłem na jej przedramieniu obozowy numer. Nie wyglądała na więźniarkę. Jej idealne ciało, cudowna skóra, jak to się miało do kobiecych szkieletów, które widziałem w wyzwalanym obozie. Co prawda od tamtego czasu minęło kilka miesięcy...

Szybko zgasiła lampkę, długo leżeliśmy obok siebie bez słowa.

– Jestem córką rosyjskiej Żydówki i niemieckiego przemysłowca – usłyszałem wyznanie. – W tysiąc dziewięćset dwudziestym dziewiątym roku ojciec przywiózł nas z Moskwy do Niemiec, miałam wtedy dwa lata. Po dojściu Hitlera do władzy rozwiódł się z matką i wiadomo, co było potem, obie znalazłyśmy się w obozie Mauthausen, z którego mama już nie wyszła... Piątego maja czterdziestego piątego roku obóz wyzwoliła 11. Dywizja Pancerna 3. Armii Stanów Zjednoczonych...

– A masz kontakt z ojcem? – spytałem cicho.

– Nie, i mam nadzieję, że jestem sierotą – odrzekła twardo.

Nasza miłość rozkwitła, umocniła się, zaczęliśmy snuć plany na przyszłość. Byliśmy zgodni, że nie zostaniemy w Europie, która stała się jednym wielkim cmentarzyskiem.

– Zanim zagoją się te rany, oboje będziemy siwi – powiedziała.

– Pewnie – zgodziłem się. – Po co nasze dzieci mają to wszystko oglądać.

Tak dziwnie na mnie spojrzała:

– Zależy ci, żebyśmy mieli dzieci?

– Myślałem, że ty...

Pokręciła w milczeniu głową.

– No to mnie też nie zależy – odrzekłem.

Wytłumaczyłem sobie, że jako Żydówka bała się, by kiedyś nie miały podobnych doświadczeń, co ona.

Marzyłem o tym, aby gdzieś z nią wyjechać, byśmy mogli odpocząć od widoku ludzi w mundurach, czołgów, jeepów, ciężarówek. Zameldowałem się u Generała i spytałem, czy będzie mnie potrzebował w ten weekend.

– Bo co? – spytał, wwiercając się we mnie wzrokiem.

– Melduję, że chciałem wziąć dwudniowy urlop.

– Akurat w ten weekend?

– To zależy od pana generała.

– A gdzie się wybierasz?

– Jeszcze nie wiem, w jakieś ładne miejsce. Z narzeczoną – dodałem.

Przyglądał mi się przez chwilę.

– Jedźcie do Bayreuth, przepiękne stare miasteczko... urocze hoteliki, w sam raz na randkę.

I tak zrobiliśmy. Okazało się, że to miasto Ryszarda Wagnera. Poradzono nam, abyśmy koniecznie obejrzeli starówkę w pobliskim Bambergu. Wojna oszczędziła stare mury, mimo kataklizmu, który przetoczył się przez Europę, tutaj zachował się nawet ogród różany, z którego widok na dachy Starego Miasta zapierał dech w piersiach. Trzymając się za ręce, chodziliśmy jak zaczarowani. Na starówce zjedliśmy obiad, a potem zaniosło nas nad rzekę, wiesz, rybackie sieci, domki jak z pocztówki, w jednym z nich zatrzymaliśmy się na noc.

Nina zmęczona całodzienną pieszą wędrówką szybko zasnęła, a ja leżałem obok i przeżywałem raz jeszcze to wszystko, co się zdarzyło w ciągu dnia. Chyba pierwszy i ostatni raz w życiu czułem się tak bezgranicznie szczęśliwy. Byłem pewien, że czeka nas wspaniałe życie, że dożyjemy późnej starości, mając w pamięci ten dzień.

Na początku grudnia pojechaliśmy z Generałem przyjrzeć się jakimś rzadkim ptakom, bodajże z rodziny gilowatych. Generał spytał mnie o moje plany, czy wracam do Polski, czy wybieram niełatwe życie emigranta. Może zechcę zostać w wojsku?

– Churchill i Roosevelt sprzedali nas w Jałcie, panie generale, w Polsce czeka mnie najwyżej więzienie.

Ze zrozumieniem pokiwał głową.

Wkrótce potem Generał, na kilka dni przed wyjazdem do Stanów, został zaproszony przez generała Hobarta Gaya na wycieczkę czy polowanie. W grudniowy poranek, przy słonecznej pogodzie, na cadillaca, którym jechali generałowie, wpadła wojskowa ciężarówka GMC, jest zresztą wiele hipotez co do tego „wypadku". Hobart Gay i kierowca nie ucierpieli, natomiast generał Patton został ranny czy też ciężko ranny i 21 grudnia czterdziestego piątego roku zmarł w szpitalu, wdało się jakieś zakażenie...

Trudno mi go oceniać, na światło dzienne wypłynęły wstydliwe fakty z jego życia, a niektóre jego wypowiedzi szokowały. Był zajadłym przeciwnikiem Żydów i komunistów, uważał ich za istoty pozbawione uczuć wyższych. W swoim dzienniku napisał: „Żydowski typ koczowniczy to w większości przypadków gatunek podludzki bez jakiegokolwiek kulturowego lub społecznego okrzesania charakterystycznego dla człowieka naszych czasów". I to wszystko po Holokauście!

Uderzało to też w moją ukochaną Ninę i tego nie mogłem mu wybaczyć. Prywatnie dał się lubić, stać go było na delikatność. Kiedyś o mały włos nie ulegliśmy wypadkowi. Przez drogę przebiegał lis, a ja wiedziałem, że nie zdążę zahamować. Generał szarpnął kierownicą i wylądowaliśmy w rowie. Trzeba było wzywać pomoc.

Wolałem myśleć, że te jego szokujące teorie to tylko takie gadanie; był człowiekiem trudnym, zrażał do siebie ludzi, nie można mu jednak odmówić tego, że okazał się wspaniałym strategiem, jednym z najwybitniejszych dowódców drugiej wojny światowej.

Sylwestra spędzaliśmy z Niną w kantynie, sala pięknie udekorowana, wszyscy w galowych mundurach. Przy stoliku w rogu sali szeptaliśmy sobie do ucha nasze plany na przyszłość. Zdecydowaliśmy się wyjechać do Stanów Zjednoczonych i trzeba było podjąć już jakieś kroki. Zaraz po Nowym Roku miałem się zgłosić w tej sprawie do mojego bezpośredniego przełożonego. Jako żołnierzowi 3. Armii Stanów Zjednoczonych nie mogli mi odmówić wizy, z kolei Nina miała w Ameryce bliską rodzinę ze strony matki, która już się zaofiarowała, że ją do siebie sprowadzi. Wszystko więc było na dobrej drodze. Składając noworoczne życzenia, obiecaliśmy sobie: zawsze razem, na wozie i pod wozem.

Jeździłem teraz z szefem intendentury, a on ciągle coś gdzieś załatwiał, więc stale byłem w rozjazdach. Mieszkałem już z Niną w pokoiku nad kancelarią, ale widywaliśmy się późnym wieczorem, często byłem tak zmęczony, że dosłownie padałem na łóżko, zasypiałem kamiennym snem.

– Wszystko dobrze, kochana – pytałem – jesteś szczęśliwa?

– Jestem – odpowiadała.

Tego marcowego wieczoru tysiąc dziewięćset czterdziestego szóstego roku drzwi do mieszkania były zamknięte, klucz znalazłem w umówionym miejscu, ale nieobecność Niny o tak późnej porze mnie zaniepokoiła. Zacząłem jej szukać, w oknach kancelarii było ciemno, poszedłem więc do kantyny. Wszystkich pytałem, czy jej nie widzieli, w pewnej chwili dotarło do mnie, że koledzy dziwnie na mnie patrzą, wykręcają się od odpowiedzi... wreszcie któryś wziął mnie na stronę.

– I tak się dowiesz, Leo. Nina rzuciła się pod ciężarówkę...

Zachowywałem się jak szaleniec, wyrwałem broń z kabury jednemu z kolegów i chciałem się zastrzelić, ale mnie powstrzymali.

Nic mi nie powiedziała, nie zostawiła nawet pożegnalnego listu.

Gdybym wiedział... Moją Ninę, piętnastoletnią dziewczynkę, wzięto do burdelu dla niemieckich oficerów i była tam do czasu wyzwolenia obozu. Gdybym o tym wiedział, kochałbym ją jeszcze bardziej.

Korespondencja SB z Wydz. C Biura MSWLeon Niemczyk, syn Władysława i Marii Heyman

Ur. 15.XII.1923 w Warszawie
Inteligent, prac. Bezpartyjny, wykszt. średnie
Nie służył w wojsku.
Zatrudniony Teatr Powszechny w Łodzi.

Ojciec zm. w 1937 roku, był muzykiem zatrudnionym w Filharmonii Warszawskiej.

Niemczyk rozpoczął naukę w szkole podstawowej, a następnie ukończył gimnazjum im. St. Szczepanowskiego. W 1941 roku podjął pracę w Wytwórni Wyrobów Drzewnych, gdzie pracował do 1944 roku, uczęszczając jednocześnie na tzw. tajne komplety.

Wyzwolenie zastało Niemczyka w strefie amerykańskiej, gdzie podjął pracę w UNNRA, a następnie Polskiej Misji Repatriacyjnej w Kolburgu jako sekretarz.

W 1946 roku pracował jako robotnik w stoczni gdańskiej, w 1948 w Teatrze Komedii Objazdowej. Przez krótki okres w Teatrze Wybrzeże, aby w 1949 roku przenieść się do Teatru Ziemi Pomorskiej.

W 1951 roku zdał eksternistycznie egzamin aktorski.

Od 1 maja 1954 roku pracuje w Teatrze Powszechnym w Łodzi i tam mieszka.

Według ludzi bezpośrednio z nim związanych Leon Niemczyk jest koleżeński, usłużny, lubiany przez kolegów. Sprawami politycznymi nie interesuje się, poza aktorstwem, na które patrzy przez pryzmat zarobionych pieniędzy, interesują go dwie rzeczy - kobiety i alkohol. Szczególnie na punkcie kobiet ma rodzaj obsesji „każda musi być moja".

Wymieniony po wypiciu staje się awanturnikiem i tylko dzięki temu, że jest znanym aktorem unikał wielokrotnie konsekwencji za wywoływanie awantur, co często się zdarza.

Brat Ludwik obywatel Kanady wg naszych informacji ma być dyrektorem jednej z linii lotniczych w Południowej Ameryce i jej współwłaścicielem...

Brat Wacław, muzyk, obywatel brytyjski zam. w Londynie.

Brat Robert jest urzędnikiem jednego z centralnych urzędów w Warszawie.

Inspektor Wydziału III- GO
kpt. R. Burzyński

Co z tego jest prawdą? Leon był kierowcą generała Pattona i wyzwalał kobiecy obóz w Czechach? Trudno, żeby się tym w PRL-u chwalił. Zresztą, może i pracował potem na misji w Kolburgu? Nic o tym nie wiem, ale mój przyjaciel mógł pominąć ten fakt jako mało efektowny.

A Nina? Pokazywał mi jej podniszczone zdjęcie. Nosił je przy sobie, dopóki mu go wraz z portfelem nie ukradziono w pociągu na trasie Łódź–Warszawa. Prosto z dworca przyjechał do mnie, pierwszy i ostatni raz widziałam wtedy Leona płaczącego.

Brat Leona – Ludwik, który klepał biedę w Kanadzie, nagle okazał się współwłaścicielem linii lotniczych w Południowej Ameryce! Oficer SB w notce wywiadowczej pisze „wg naszych informacji", a powinien dodać „uzyskanych od wymienionego".

Nie ma w tym ubeckim życiorysie Leona wzmianki o aresztowaniu, ale jest wiele podań o zgodę na zagraniczny wyjazd i żadnej odmowy.

Wiele lat temu, jako świeżo upieczony krytyk filmowy, napisałam recenzję z filmu, w którym Leon grał epizodyczną rolę. Film zjechałam, wyróżniając tylko jego. Wkrótce potem usłyszałam w słuchawce telefonu charakterystyczny głos:

– Czy mam przyjemność z panią Barbarą?

– Tak, panie Leonie, bardzo mi miło.

– Napije się pani ze mną wódki?

– Czemu nie – odpowiedziałam, udając, że nie jestem zaskoczona.

I tak się zaczęła nasza przyjaźń.

Leon nigdy nie zaprosił mnie do siebie, do Łodzi. Spotykaliśmy się, kiedy był w Warszawie, czasami przyjeżdżał specjalnie, by się ze mną zobaczyć. Pewnie dlatego, że zawsze u jego boku była jakaś kobieta i nie chciał, byśmy się na siebie natknęły. To był temat tabu, on nie pytał o moje związki, ja nie pytałam o jego. O kolejnych ślubach i rozwodach dowiadywałam się z gazet. Zresztą te niemieckie i kubańskie żony to była lipa, jednak faktem jest, że dość często zmieniał partnerki. W jakimś wywiadzie przechwalał się, że w czasie kręcenia „Noża w wodzie" założył się z kolegami, iż co noc będzie miał inną kelnerkę. „No i co, udało się?" – spytała dziennikarka. „A jak pani myśli?" – padła odpowiedź.

Byłam wściekła i zadzwoniłam do niego.

– Zawsze będę się musiała za ciebie wstydzić?

– Niech się każdy wstydzi za siebie – odrzekł i rzucił słuchawką.

Po kilku miesiącach ciszy zadzwonił z wiadomością, że dostał od kogoś kasetę VHS z filmem „Baza ludzi umarłych".

– Przyjadę w sobotę – oświadczył. – Kup gorzałkę, bez niej nie da się tego oglądać.

– Jest aż tak straszny?

– Nie wiem, nie widziałem.

– Jak to nie widziałeś? – spytałam zaskoczona.

– Rzadko oglądam swoje filmy.

– Ale byłeś na premierze?

– Było lato, nie chciałem przerywać urlopu. Potem cenzura wstrzymała na półtora roku dystrybucję, a potem jakoś tak zeszło.

– Sporo zeszło od tysiąc dziewięćset pięćdziesiątego ósmego, a teraz, jak masz kasetę, nie korciło cię, żeby chociaż zerknąć?

– Najpierw trzeba się upić.

– Boisz się wspomnień?

– Tam są prawie sami umarli koledzy, boję się spotkania z nimi na trzeźwo.

– Wystarczyło nabyć flaszkę, po co ja ci jestem potrzebna! – odrzekłam dotknięta, poza tym nie lubiłam, kiedy Leon przy mnie pił. „Gadasz jak stara żona", mówił wtedy, a teraz powiedział:

– Zawsze mi jesteś potrzebna!

– Cieszę się, ale ja jeszcze na studiach widziałam ten film.

– I nie warto oglądać?

– Warto! Według mnie to arcydzieło!

Dotrzymałam słowa, ale kupiłam słodką wódkę, której nie znosił. To była gwarancja, że z miejsca się nie upije. Niewiele osób, szczególnie młodych, zna ten film, więc potrzebny chyba będzie komentarz.

Do bazy transportowej w Bieszczadach, gdzieś na granicy cywilizacji, przyjeżdża politruk, aby powstrzymać wykruszanie się załogi. Wszystko to ludzie na bakier z prawem, jeżdżą rozpadającymi się trupami, ryzykują życiem, obiecywane nowe wozy jakoś nie nadchodzą.

Same zakazane gęby, ale jakie! Aktorzy radzą sobie wspaniale ze sztucznymi dialogami Marka Hłaski. Nie ceniłam go, był dla mnie takim Hemingwayem dla ubogich, Hemingwaya też zresztą nie lubiłam, pisał tak zwaną męską literaturę.

Główni bohaterowie:
Leon Niemczyk – Dziewiątka,
Emil Karewicz – Warszawiak,
Aleksander Fogel – Apostoł,
Tadeusz Łomnicki – Partyzant,
Zygmunt Kęstowicz – Zabawa,
Roman Kłosowski – Orsaczek.

Pierwsza scena: ciężarówki załadowane olbrzymimi balami drewna zjeżdżają w dół zaśnieżoną leśną drogą. Film jest czarno-biały z genialnymi zdjęciami Kurta Webera. Nie wolno zapomnieć tego nazwiska!

W siódmej minucie filmu pojawiają się Niemczyk, Karewicz i Kłosowski. Żadni tam aktorzy odgrywający role, ale postaci wrośnięte w film, każde słowo ma tu swoje głębsze znaczenie, brzmi prawdziwie, ani jednej fałszywej nuty!

Taka scenka, przyjeżdża na inspekcję wyblakły facecik: kapelusz, kusa jesionka, pod pachą teczka.

Zagaduje Dziewiątkę:

– No jak tam?

Dziewiątka ma na sobie kożuch do ziemi, na głowie pilotkę, dodatkowo czarny zarost i ponure spojrzenie. Pyta:

– Z czym?

Inspektor:

– No jak tam wam leci, kurwa jego mać?

Dziewiątka zdejmuje teatralnym gestem pilotkę:

– A dyć jakoś to idzie, wielmożny panie.

Inspektor:

– Ooo! Nie zapominajcie, że drewno jest potrzebne. Na to drzewo czekają.

Pracujecie dla dobra człowieka. Człowiek to nasze największe dobro. Rozumiecie!

Dziewiątka:

– Tak, to na razie, wielmożny panie, robota na mnie czeka. Niech wam Najświętsza Panienka wynagrodzi za ludzkie słowo...

Dziewiątka to inteligent, skazany na piętnaście lat za zamordowanie kochanka żony. Trudno powiedzieć, który z aktorów w tym filmie się wyróżnia, są wspaniali, od razu zapominasz, że to wszystko fikcja. Na tym właśnie polega magia kina. Może tylko Petelski źle obsadził postać Zabawy, komunisty, którego gra Zygmunt Kęstowicz. Z tą swoją dobroduszną twarzą i przedniozębowym „ł" bardzo odstawał od reszty. Leon uważał, że zabrakło na planie żony Petelskiego, która była wtedy w ciąży. Ona by od razu Zygmusia poczciwca wykreśliła. Nie uszczęśliwiała go zresztą ta rola, bo koledzy mu docinali. Kiedy wchodził, zapadała cisza i ekipa wymieniała porozumiewawcze spojrzenia. To wszystko było oczywiście dla jaj, ale Kęstowicz się denerwował.

Pamiętam, siedzimy przed telewizorem, sącząc ten obrzydliwy, imitujący wódkę ulepek. Ukarałam nie tylko Leona, ale niestety i siebie.

Na ekranie scena pochówku Apostoła. Koledzy, pijani w cztery dupy, jak mówił Leon, wnoszą do kościoła trumnę zbitą z desek.

Ksiądz pyta:

– Jak się nazywał ten człowiek?

Orsaczek:

– Apostoł!
Ksiądz:
– Który?
Orsaczek:
– No ten...
Ksiądz:
– Było dwunastu.
Orsaczek:
– Ten był tylko jeden!

I temu jednemu jedynemu Orsaczek gra na organach melodię knajackiej piosenki: „Harmonia z cicha na trzy czwarte rżnie, ferajna tańczy, ja nie tańczę...".

Leon, krzywiąc się, ze wstrętem wypija kolejny kieliszek:

– Popatrz, nawet trumna z Apostołem świetnie gra!

– Przecież go tam nie ma!

Śmieje się:

– Na tym polega prawdziwe aktorstwo! Co myślisz, patrząc na to pudło, że Apostoł tam jest czy nie?

– No... myślę, że jest.

– A właśnie!

Wiedziałam, że Hłasko wycofał swoje nazwisko z powodu zakończenia, bardzo mu się nie podobało. Z trudem zaakceptował scenę, w której w umarłej bazie, dosłownie, bo wszyscy ją opuścili, siedzi na pieńku osamotniony komunista Zabawa. Nagle słychać warkot silników, długo oczekiwany nowy tabor nadjeżdża... komunista się nie podda! Widocznie cenzura i to zakwestionowała, więc w efekcie Zabawa nie został jednak sam, dołącza do niego lud w postaci Warszawiaka, siada obok na pieńku. Teraz wspólnie będą budowali komunizm...

Leonowi tak bardzo się to zakończenie nie podobało, że walnął kieliszkiem w ekran.

– Sowiecki *happy end*, cholera jasna, dwaj przyjaciele z boiska ściskają sobie dłonie. Myślałem, że ten pisarczyk przesadza, bo wam ludziom pióra mało co się podoba, ale Petel nakręcił arcydzieło i spierdolił zakończenie! Powinien przejść do historii kina jako reżyser, który na końcu swojego dzieła zdjął spodnie i pokazał widowni gołą dupę! W scenariuszu nie było to takie ohydne!

– Chyba wiedziałeś, co Petelski nakręcił?

– A skąd! Dziewiątkę szlag trafił w połowie filmu i ja się stamtąd od razu zwinąłem. A na premierze, jak wiesz, nie byłem!

– Reżyser poszedł na kompromis, bo chciał uratować film!

– Nie ma kompromisów w sztuce – huknął na mnie. – To ma swoją nazwę: prostytucja!

– A ty?! Rozmieniasz swój talent na drobne, grasz, w czym popadnie! Podobno w enerdowskim filmie biegałeś po ekranie z opaską na biodrach i orlim piórem we włosach! To jak to nazwiesz?

– Zawodem aktora! Trzeba grać najlepiej, jak się umie, nawet najmniejszy epizod. A widziałaś mnie kiedyś w roli komucha?

Patrzę mu w oczy:

– Zdaje się, że przywdziewałeś od czasu do czasu niemiecki mundur!

– Ale nie wtedy, gdy byliśmy pod ich okupacją!
Mierzymy się wzrokiem:
– A teraz? Zagrałbyś ideowego komunistę?
– Ty mała żmijo! – Śmieje się.

Wojna się skończyła i trzeba było pomyśleć, co dalej. Decyzja o wyjeździe do Ameryki upadła wraz ze śmiercią Niny. Postanowiłem więc odszukać matkę. Dowiedziałem się, że przebywa we Wrocławiu, ale nic ponadto. Któregoś dnia, z plecakiem przewieszonym przez ramię, zawitałem do miasta kościołów i mostów, a kiedy z bijącym sercem stanąłem pod drzwiami jej mieszkania, drzwi otworzył... Ludwik, który według mojej wiedzy miał przebywać we Włoszech. Okazało się, że odnalazł się też mój drugi brat Robert. To był chyba jedyny moment, kiedy przy wspólnym stole panowała niczym niezmącona harmonia, cieszyliśmy się, że żyjemy i znów jesteśmy razem. Matka cały czas ocierała łzy, co dowcipniś Ludwik skomentował: – Mamusiu, zaraz będziesz miała słoną zupę!

Naradzaliśmy się, co dalej, widoki tutaj były raczej marne i nie zanosiło się na szybkie zmiany. Ludwik od pewnego czasu przeprowadzał ludzi przez zieloną granicę, droga wiodła przez Czechosłowację, Niemcy i Austrię, teraz kompletował trzecią grupę, a ja zdecydowałem się do niej dołączyć. Z matką miał zostać Robert, który stwierdził, że nie pisze się na takie awanturnictwo, w dodatku w naszym wykonaniu, i tu będzie układał sobie życie.

– Ludwik przetarł szlaki – przekonywałem. – Wszystko idzie jak po maśle!

– Do czasu – odrzekł nasz braciszek, zawsze był taki ostrożny. Gdy my z Ludwikiem skakaliśmy z pomostu na główkę, on, zanim wszedł do wody, sprawdzał paluszkiem, czy nie za zimna...

Zaczęło się teraz kompletowanie grupy, którą Ludwik miał przeprowadzać. Wszyscy ci ludzie byli szczegółowo sprawdzani przez organizację, z którą mój brat współpracował. Decyzję o tym, kto z nim idzie, podejmowali jego przełożeni. W pierwszej kolejności żołnierze podziemia, potem zagrożeni cywilni współpracownicy lub też członkowie rodzin, których mężowie i ojcowie pozostali za granicą. A chętnych było wielu, najchętniej pół Polski zwiałoby za granicę! Z tego, co mówił Ludwik, szlak był już przetarty przez Cieszyn. Wszędzie byli rozstawieni kurierzy, organizowali kwatery i przejazd przez Czechosłowację. Byli nieźle opłacani, więc impreza nie należała do najtańszych, potencjalni uciekinierzy wyprzedawali, co mogli, część pokrywała organizacja. Po polskiej stronie pomagała też miejscowa ludność, jedni brali pieniądze, inni robili to z powodów patriotycznych.

– Tych, co nie biorą forsy, może opłacać bezpieka – powiedziałem do Ludwika.

Bardzo się na mnie obruszył.

– Wszędzie widzisz tylko zło!

– I dlatego jeszcze żyję.

W końcu uznałem, że skoro udało się kilka razy, dlaczego nie ma się udać i teraz? Ludwik coś tam straszył, że była jedna wpadka, ale chyba chodziło o to, aby mnie zniechęcić.

Wczesnym rankiem siedemnastego grudnia czterdziestego szóstego roku pożegnaliśmy się z matką i Robertem i z plecakami na ramionach wyruszyliśmy w podróż w jedną stronę. W miejscu zbiórki uznałem, że jest nas za dużo i siłą rzeczy będziemy zwracać uwagę. Powiedziałem o tym Ludwikowi, ale to zlekceważył.

– Przed granicą się podzielimy.

Niestety, nie było nam dane do tej granicy dotrzeć. Nad ranem, gdy nocowaliśmy w opuszczonej ruderze, otoczyło nas wojsko.

Gdy już staliśmy pod ścianą i bezpieka po kolei ujawniała nasze prawdziwe dane, szeptem ustaliliśmy z Ludwikiem, że nie przyznajemy się do przynależności do AK. Wtedy groziło za to ciężkie, długoletnie więzienie, a może i czapa. Rozdzielono nas, podczas wstępnych przesłuchań śledczy zahaczyli oczywiście o „bandyckie, reakcyjne podziemie", ale uparcie tłumaczyłem, że obaj z bratem zawsze byliśmy daleko od polityki, a przemyt ludzi to wyłącznie sprawa pieniędzy. Niestety, mój brat od razu oświadczył przesłuchującym, że był żołnierzem Armii Krajowej i jest z tego dumny! Starali się wybić mu tę Armię Krajową razem z zębami. Znosił nieludzkie tortury, sadzanie na nodze od stołka, która wbijała się w odbyt, bicie prętem po piętach, polewanie wodą przy otwartym oknie i mrozie. I to wszystko przez jego gadulstwo. On za bardzo ufał ludziom i możliwe, że ten jego długi język ściągnął na nas bezpiekę. Mogliśmy obaj opuścić wcześniej te kazamaty, ale zrobił wszystko, żeby zniszczyć naszą matkę. Oto ukrzyżowano jej syna, całe dnie i noce klęczała pod tym krzyżem. Usiłowaliśmy ją okłamywać, że Ludwikowi nie dzieje się krzywda, ma w więzieniu osobną celę i dobre warunki, ale ona wiedziała...

Rozdzielili nas, pierwszą noc po aresztowaniu spędziłem samotnie w kazamatach cieszyńskiego Zamku, na betonowej podłodze, nie dali mi nawet koca. Rankiem przewieziono mnie do Warszawy na Koszykową do Ministerstwa Bezpieczeństwa Publicznego, gdzie poddawano mnie przesłuchaniom. Nic ze mnie nie wyciągnęli, a po pół roku wyszedłem na wolność.

A co wygrzebałam w IPN-ie i dlaczego tam poszłam? Ludwikowi odradzono wizytę w Instytucie, „bo mógłby doznać szoku". Pewnie sądził, że dowie się czegoś o swoim młodszym bracie, więc się na to nie zdecydował. Obawiałam się tego samego i to ja doznałam szoku.

Obaj moi bohaterowie nie żyją, nie da się już cofnąć wskazówek zegara, niczego wyjaśnić, przywrócić uczuć braterskich, które według słów Leona już za życia braci ostygły. Ale czy to na pewno o to chodziło? Czy ten odruch niechęci na sam dźwięk imienia brata nie brał się z poczucia winy? Często tak bywa, że pewne niewygodne dla siebie zdarzenia wypieramy z pamięci. Do czego nie chciał się przed samym sobą przyznać Leon?

Twierdził, że przesiedział pół roku w MBP na Koszykowej, a znalazłam dokument, który temu przeczy:

Postanowienie o przekazaniu sprawy.

Ja, funkcjonariusz MBP Zbieniewicz ppor po przeprowadzeniu wstępnego śledztwa i rozpatrzeniu sprawy Niemczyka Leona, s. Władysława, zważywszy, że przestępstwo zostało dokonane na terenie woj. Śląsko - dąbrowskiego

postanawiam

akta sprawy wraz z zatrzymanym Niemczykiem Leonem przekazać wydz. X WWB w Katowicach celem prowadzenia dalszego śledztwa po czym skierowania sprawy do sądu.

Ref. Sekcji I Wydz. XX Dep.I

Zbieniewicz ppor

Dokument ten powstał dwudziestego drugiego grudnia tysiąc dziewięćset czterdziestego szóstego roku, a więc w trzy dni po zatrzymaniu Leona! I dalej nic, ani sprawozdań z przesłuchań, ani notatki o skierowaniu sprawy do sądu, ale też niczego, co świadczyłoby o współpracy Leona z organami bezpieczeństwa. *Tabula rasa*.

– Twój brat przesiedział do amnestii w pięćdziesiątym pierwszym roku, ale po jego wyjściu na wolność już się nie spotkaliście. Dlaczego? Podobno to ty się na niego obraziłeś?

– Wiesz, że dzwonią w kościele, ale nie wiesz, w którym.

– To może mi powiesz. Chyba nie obwiniasz go o to, że ktoś zdradził... trudno w takich sytuacjach być jasnowidzem.

– Musimy o tym mówić?

– Raczej powinniśmy, bo ta sprawa od lat intryguje twoje środowisko i twoich fanów.

– Fanów mają celebryci, a ja nim nie jestem! A moje środowisko to plan filmowy, mój dom i... łódzki Spatif... można się tam napić, opowiedzieć dowcip, to wszystko.

– Leon, potraktuj tę rozmowę poważnie!

– A niby dlaczego, jest miło, gawędzimy sobie, po co to psuć.

– Nie wykręcaj się, niektórzy twierdzą, że tą osobą, która zdradziła Ludwika, byłeś ty!

– Bóg z nimi!

– Leon!

– Byłbym takim idiotą, aby donosić na samego siebie?

– Podobno kiedy Ludwik po latach odwiedził Polskę, powiedziano mu, żeby nie dochodził prawdy o tej zdradzie, bo mogłaby się okazać dla niego szokiem.

– Podobno, być może, jednakowoż i to słyszę od ciebie, którą tak lubię i szanuję, jesteś jak śledczy UB... zaraz wlepisz mi paragraf, który z pewnością na mnie znajdziesz! O co ci właściwie chodzi?

– O prawdę!

– Jak wiesz, są trzy prawdy, święto prawda, tyż prawda i gówno prawda, którą wybierasz?

– Chcę wiedzieć, dlaczego byłeś łagodniej potraktowany przez bezpiekę od twojego brata, nie doznałeś tortur i wyszedłeś z więzienia dużo wcześniej?!

Leon długo milczał. Oboje zdawaliśmy sobie sprawę z wagi tego, co teraz powie.

– Może się tak zdarzyć, że to, co wydaje się dobrym wyjściem, obraca się przeciwko tobie i nie tylko.

Pomyślałam, że tutaj potrzeba pióra autora „Braci Karamazow", by mogła powstać prawdziwa opowieść o braciach Niemczyk.

Dlaczego rodzina się rozpadła, a czterej bracia stali się sobie obcy? Leon starzał się samotnie w Polsce, Ludwik w Kanadzie, najstarszy brat Wacław w Londynie, po wojnie zerwał wszelkie kontakty z rodziną, o Robercie wiedziałam tylko tyle, że w dzieciństwie chorował na szkarlatynę, co uszkodziło mu bębenki i z tego powodu nie przyjęto go do wojska.

Leon często bywał w Warszawie, ale gdyby spotykał się z Robertem, coś bym o tym wiedziała.

Pewnego zimowego poranka dzwonek do drzwi, otwieram, Leon, w swojej słynnej uszance i kożuszku.

– Zabieram cię na Mazury!

Patrzę na niego.

– Na Mazury jeździ się latem!

– Na Mazury jeździ się, kiedy się chce!

– Ale ja nie wiem, czy chcę!

– Chcesz! Tylko o tym nie wiesz! Wdziewaj kapotę!

Nie dało się go przegadać, więc ubrałam się i ruszyłam za nim do samochodu.

Samochody Leon miał zawsze dobre i zmieniał je, kiedy tylko wpadła mu większa gotówka.

Po drodze opowiadał mi o miejscu bardzo drogim jego sercu, czyli o łódzkim Spatifie, który mieścił się w przepięknej kamienicy z tysiąc dziewięćset dwunastego roku. Wchodziło się, a po lewej stronie za barem wystawa swojskich i egzotycznych alkoholi i człowiek, niczym lis wpuszczony do kurnika, niemal dostawał oczopląsu: tu przystojna nakrapiana kokoszka, tu zielononóżka, a zaraz obok kurka-złotopiórka i wszystkie wyciągają w stronę lisa pulchne szyje, więc co biedak miał innego zrobić, jak zanurzyć w nie swoje ząbki.

Pewną przeszkodę stanowiła właścicielka baru, pani Janeczka Jagodzińska, ale miała dobre serce i, jak się nie miało gotówki, zapisywała dług w zeszycie. Sprawą honoru było, aby go spłacić. Wielkim powodzeniem wśród stałych bywalców cieszyła się miejscowa sake, wódka-czajnikówka, podgrzewana na maszynce, co ponoć dodawało jej procentów, nieraz w sposób piorunujący. Albo kwas chlebowy w szklanych butelkach, na dnie zawsze był rodzynek i każdy chciał się do niego dobrać.

No i kanapki ze smalcem i cebulką.

Leon, gdy o tym opowiadał, aż przymykał oczy, jakby chcąc lepiej przywołać miłe wspomnienia.

– Dlaczego aktorzy tak dużo piją i w końcu zostają alkoholikami? – spytałam.

– Ja nie jestem – odrzekł.

– Ty jesteś niepijący?

– Pijący, nie alkoholik – on na to.

Po kilku godzinach jazdy dotarliśmy do miejsca przeznaczenia, czyli leśniczówki położonej na skarpie nad jeziorem. Leon przedstawił mnie jako swoją przyjaciółkę, co gospodarze odebrali jednoznacznie, proponując pokój na górze z pięknym widokiem.

– Baśka będzie tam spała – odrzekł lekko ubawiony – a ja gdziekolwiek, mogę i w kuchni na ławie.

– Ależ panie Leonie – obruszyła się gospodyni – miejsca jest dosyć!

Przeznaczyła dla niego pokój na dole, może dlatego, że schody mocno skrzypiały i chciała się przekonać, czy nie jestem jednak jego bliższą przyjaciółką. I pewnie tak sądziła, bo Leon ściągnął mnie w nocy z łóżka, chcąc pokazać mi... księżyc. Było jasno jak w dzień i nad pokrytą śniegiem połacią jeziora wisiało podobne do pomarańczowej hostii ogromne koło.

– W takich chwilach można uwierzyć w Pana Boga – powiedziałam.

– Jak ja bym w Niego uwierzył, miałby się z pyszna, bo wygarnąłbym, co myślę o nieudanym dziele, jakim jest człowiek. Nie mógł poprzestać na zwierzętach?

– Nie lubisz ludzi?

– Nie mam złudzeń co do nich. A ty?

– Po prostu jestem człowiekiem.

Spojrzał na mnie spod oka:

– A myślałem, że jesteś kobietą!

Wrzuciłam mu garść śniegu za kołnierz.

Następnego dnia po śniadaniu wybraliśmy się na wycieczkę, Leon uparł się, aby iść na skróty przez jezioro, czym nie byłam zachwycona.

– Nie wiesz, jaki jest lód pod śniegiem – tłumaczyłam. – A jak na środku zacznie trzeszczeć?

– Trzymaj się mnie, to nie zginiesz – odrzekł.

Nie byłam tego taka pewna, ale pomaszerowałam za Leonem i bez przeszkód dotarliśmy na drugi brzeg zamarzniętego jeziora... Wiele lat później wpadła mi w ręce wspomnieniowa książka Jerzego Antczaka, który ze szczegółami opisywał pewne zajście przy kręceniu adaptacji „Wiernej rzeki", Leon grał w niej księcia Odrowąża:

„Tego dnia Leosia czekało jedno krótkie ujęcie. Miał przejść przez zamarzniętą rzekę na drugi brzeg i zniknąć w gąszczach. Rozluźniony, dał sobie trochę *w szyję* i w szampańskim nastroju postanowił zafundować ekipie program rozrywkowy. Zaczął się ślizgać po ściętej lodem rzece, wykonując akrobatyczne tańce, nagradzane brawami.

W pewnej chwili zdecydował sprawdzić grubość lodu. Z okrzykiem: »No to raz...!!!« podskoczył wysoko w górę i opadł obiema stopami na lód. Oczywiście budziło to wesołość ekipy, która pociągając po kryjomu dla rozgrzewki, też była »przyprawiona«. A Leoś, rozochocony, krzyknął: »No i co frajerzy? No to bum!!«. Zobaczyłem, jak Leoś wyskoczył w górę, opadł na lód. Powłoka pękła, a on zniknął był pod wodą, i tylko palce obu rąk konwulsyjnie próbowały uchwycić się postrzępionych lodowych brzegów...!

Przerażony wbiegłem na lód w chwili, kiedy głowa Leosia wynurzyła się z wody. Zobaczyłem jego przerażone oczy. Zduszonym głosem wycharczał: »Koledzy, ratujcie...«. Z tymi słowami poszedł pod wodę. Na szczęście jego mocne palce ciągle zaczepiały się o brzeg lodu. Henio Wysocki chwycił drabinę, rzucił ją na płask i począł czołgać się w stronę otworu. Chwycił Leona za obie dłonie, krzycząc: »Trzymajcie mnie za nogi...!«. Rzuciłem się razem z innymi na lód za Heniem i chwyciłem go za nogi.

Henio był grubawy i mocny jak tur, a tragedia wyzwoliła w nim adrenalinę. Z wielkim wysiłkiem wyciągnął Leosia z wody do połowy. A kiedy wydawało się, że będzie miał go całego na powierzchni, lód załamał się ponownie, pociągając tonącego pod wodę. Tym razem zniknął. Razem z rękami. Zamarliśmy. Ale Leon potrafił walczyć o życie. Jego sprawność fizyczna była wspaniała. Po kilku sekundach ukazały się jego obie dłonie, a potem twarz. Z trudem łapał powietrze. Charczał: »Chłopaki...

Pomóżcie!«. Wtedy Henio przesunął drabinę na brzeg otworu, aby mógł się złapać szczebli i sam wydostał się na powierzchnię. Po chwili Leoś ociekając wodą, dygocąc z zimna, stał żywy i cały.

Nie będę opisywał naszego szczęścia. I tutaj mała niedyskrecja. Przy zmianie przyodzienia Leoś stanął przed nami tak jak go Pan Bóg stworzył... Nie muszę mówić, że na mrozie jego ozdoba męskości skurczyła się do rozmiarów tak ubogich, że wyglądał, jakby Bóg w ogóle pozbawił go męskości. No i oczywiście Wiesio Rutowicz kilkoma fleszami aparatu fotograficznego to utrwalił. Co było dalej? Leoś niezwykle czuły na punkcie swoich wdzięków wpadł w czarną rozpacz. Błagał o zniszczenie negatywów. Przetargi trwały do końca zdjęć i dopiero na tęgiej libacji, jaką wydał Leoś, zdjęcia i negatywy zostały mu uroczyście wręczone wraz z kwiatami".

Gdybym wcześniej o tym wiedziała, chyba bym nie weszła za nim na lód.

Wieczorem po kolacji gospodarze poszli spać, a Leon przyniósł ze swojego pokoju whisky i sączyliśmy ją z kubków, co mój przyjaciel uważał za profanację.

Jego pokrętna odpowiedź: „Może tak się zdarzyć, że to, co wydaje się dobrym wyjściem, obraca się przeciwko tobie i nie tylko..." nie dawała mi spokoju i często do tego wracałam, najczęściej po alkoholu, bo wtedy miałam więcej śmiałości w przypieraniu Leona do muru.

– Byliście kochającą się rodziną?

Parsknął śmiechem:

– Co rozumiesz przez kochającą się rodzinę?

– No... jest ojciec, matka, po kolei rodzą się dzieci, czterech synów... początkowo są mali, potem dorastają i każdy z nich idzie w swoją stronę?

– Właśnie tak.

– Ale dlaczego? Rozumiem, że coś się wydarzyło pomiędzy tobą i Ludwikiem, coś, o czym nie chcesz mówić, ale jest jeszcze Wacław na przykład...

– Dla mnie ten pan nie istnieje! Zawsze miał kalkulator w głowie i doprowadziło go to do granicy, której nie wolno przekroczyć.

W czasie okupacji Wacław nie współpracował z podziemiem, uważał, że jego głównym obowiązkiem jest chronić swoją substancję biologiczną, ręce wirtuoza. I to jedno mu się udało, został skrzypkiem Królewskiej Filharmonii w Londynie, wystąpił nawet przed królem Jerzym VI, który oczarowany jego grą podarował mu dwa stradivariusy. Powstanie Warszawskie przetrwał, ukrywając się z rodziną w piwnicy, miazgę Warszawy opuścił z ludnością cywilną. Wraz z innymi koczował w wielkiej hali w Pruszkowie. W pewnym momencie usłyszał głos z megafonu:

– Pan Wacław Niemczyk proszony jest do biura komendy.

Przywitał go tam mężczyzna w cywilu, mówiący po polsku. Był bardzo uprzejmy, zaproponował kawę, koniak, a potem kierownictwo Filharmonii Generalnej Guberni.

– I ten się zgodził! – huknął Leon. – Wsiadł do limuzyny z żoną i synem i w asyście honorowej Niemców pojechał do Krakowa. W Kamienicy pod Strusiem dostał wygodne mieszkanie po jakimś esesmańskim ścierwie, którego podziemie sprzątnęło. Wszyscy w Krakowie wiedzieli, że mieszkają tam Szwaby albo kolaboranci... volksdeutsche.

Wacław Niemczyk piastował stanowisko dyrektora artystycznego filharmonii do końca hitlerowskich rządów. Rosjanie, kiedy tylko wkroczyli do Krakowa, ogłosili komunikat, że pracownicy instytucji niemieckich mają podjąć dalszą pracę, więc nadal sprawował ten urząd i mieszkał z rodziną w Kamienicy pod Strusiem. Nie wyszło mu to jednak na zdrowie, z miejsca uznano go za podejrzanego, wzywano na przesłuchania. Obawiając się o swoje biedne dłonie wirtuoza, szukał kontaktu z młodszym bratem Ludwikiem, który przebywał wtedy we Włoszech. Ludwik natychmiast wrócił i udało mu się przemycić brata na Zachód.

– Więc z Ludwikiem chyba utrzymuje kontakty?

– Spytaj o to Ludwika – odburknął.

W jednym z wywiadów Leon powiedział, że w marcu tysiąc dziewięćset czterdziestego piątego roku wstąpił do amerykańskiej armii, a jego tożsamość miał potwierdzić przebywający w Anglii starszy brat. A przecież w marcu czterdziestego piątego roku Wacław był jeszcze w Krakowie?

Zarzekał się też, że z najstarszym bratem zerwał wszelkie stosunki zaraz po wojnie, a opowiadając mi o rozróbie w słynnej swego czasu warszawskiej knajpie Mariensztat, stwierdził, że tam się upijał, by móc jakoś przetrwać w tym ponurym kraju.

W knajpie były jakby loże, a dużo niżej obrotowy parkiet. Na dolnej kondygnacji usadowiła się orkiestra w osobie trzech muzyków czy raczej muzykantów, bo grali kawałki rodem z warszawskiej ulicy, ale publiczność to uwielbiała. Repertuar był urozmaicony, od przedwojennych przebojów po modne szlagiery, rosyjskie rzewne piosnki ludowe i romanse. Solista strasznie fałszował, ale w szumie na sali ledwo było słychać słowa. Kiedy goście już sobie podpili, zaczynał się koncert życzeń, wystarczyło wsunąć któremuś z muzyków poświadczony manifestem PKWN-u oraz Narodowym Bankiem papierek do kieszeni i szepnąć, o jaką piosenkę chodzi.

Leon był tego dnia w złym nastroju i upijał się na ponuro, bo właśnie ogarnęła go tęsknota za Wacławem, od którego dostał list, zszedł więc do orkiestry, coś tam z nimi poszeptał i nieco weselszy wrócił na górę.

Po chwili solista zapowiedział:

– Szanowni państwo, tę melodię dedykujemy tym, którzy są bardzo, bardzo daleko i nie mogą wrócić do ojczyzny.

Po czym przy wtórze skrzypiec, wiolonczeli i harmonii, na której sam grał, zaintonował:

„Czerwone maki na Monte Cassino
Zamiast rosy piły polską krew
A po tych makach szedł żołnierz i ginął
Bo od śmierci silniejszy był gniew".

Na sali zrobiło się cicho, od stolika zerwał się jakiś typ potężnej postury i wychylając się przez balustradę, wrzasnął w stronę orkiestry:

– Zamknąć ryje, kto wam za to zapłacił?!

Na to Leon wstał i oświadczył:

– Ja!

– Wiesz, gnido, że za to idzie się siedzieć!

– Dla mnie nie nowina, zwiedziłem kilka katowni, jedna mniej, jedna więcej nie robi różnicy – odpowiedział ze spokojem.

Facet miał już nieźle w czubie i chciał załatwić Leona prawym sierpowym, ale Leon podbił mu łokieć, a potem niemal przewiesił przez barierkę. Podczas szarpaniny grubasowi wypadł z kieszeni rewolwer, mój przyjaciel miał podnieść broń z podłogi i oddać właścicielowi ze słowami:

– Coś panu wypadło!

Sala ryknęła śmiechem, zaczęto bić brawo, a ubek umiał się znaleźć, niczym sędzia na ringu uniósł rękę Leona i powiedział:

– Brawo, kolego! – A potem wydał rozkaz orkiestrze: – „Czerwone Maki" grać!

I solista z miejsca zaintonował: „Czerwone Maki...", wkrótce śpiewała cała sala, pary zeszły z parkietu, bo tego się przecież nie tańczy.

Więc jak było naprawdę, który z braci pierwszy zerwał stosunki? I dlaczego? O kim myślał Leon, mówiąc: „Może tak się zdarzyć, że to, co wydaje się dobrym wyjściem, obraca się przeciwko tobie i nie tylko".

Po wyjściu z mamra pojechałem do matki. Przedtem miała neutralny stosunek do religii, teraz popadła niemal w dewocję. Codziennie rano chodziła do kościoła, przyjmując komunię świętą. Wyczerpawszy już wszystkie ziemskie środki, poruszając wszystkie instancje naszego padołu łez, w których mocy było zwolnienie z więzienia jej syna, zwróciła się do tej najwyższej, boskiej. Nie mogłem tego znieść, zwiało mnie na północ kraju, gdzie morza szum... w nadziei, że drogą morską najłatwiej uda mi się prysnąć za granicę. Nie widziałem wtedy dla siebie innego wyjścia. Uważałem, że mniejsze więzienie zamieniłem na większe, bo tak postrzegałem Polskę Ludową. Poza tym pod wpływem dzieł Conrada miałem duży sentyment do wszystkiego, co się wiązało z morzem. Snułem odważne plany, że uda mi się zamustrować na statek, nawet jako zwykły majtek czy steward, i potem, w którymś z zachodnich portów, po prostu niepostrzeżenie się oddalić. Okazało się to nierealne, ale znalazłem pracę w gdyńskiej stoczni remontowej, co stwarzało możliwość pryśnięcia stąd, na przykład podczas próbnego rejsu. Zaraz po wpłynięciu na wody terytorialne mogłem dać nura do morza i dopłynąć do Szwecji lub Danii. Byłem tęgim pływakiem i czułem się na siłach, by tego dokonać.

I wtedy wydarzyło się coś niezwykłego, zostałem zaproszony na próbę amatorskiego teatru przy gdyńskiej stoczni. Przyszła do mnie zetempówa w grubych okularach i zagaiła: – Czy kolega nie jest zainteresowany dołączeniem do naszego zespołu?

Patrzyłem na nią, jakby spadła z księżyca.

– Będziemy ćwiczyli sztukę wielkiego pisarza Stefana Żeromskiego „Uciekła mi przepióreczka".

– Jak uciekła, to najpierw ją złapcie – zasunąłem dowcip, bo nie byłem dobrze nastawiony do pisarza, którego przywłaszczyła sobie nowa władza.

– Niech kolega nie żartuje z poważnych rzeczy – oburzyła się Okularnica. – Niech kolega przyjdzie na próbę i przekona się, że teatr to wielka sprawa.

Bardzo w to wątpiłem, ale miałem powód, aby zjawić się na tej próbie. Wobec moich przyszłych planów nie chciałem, aby przypięto mi łatkę niepewnego elementu, który się nie udziela w życiu załogi.

„Przepióreczka" to jak wiadomo komedia w trzech aktach, a jej głównym przesłaniem było rozdarcie jednostki między pokusą szczęścia a powinnością moralną. Główny bohater docent Przełęcki był zwolennikiem szerzenia oświaty na prowincji, a wspomagali go w tym uniwersyteccy koledzy oraz nauczyciele i działacze kultury na zadupiu, czyli miód na serce komunistycznych decydentów. Niestety sprawy się komplikują, bo pan docent wikła się w związek uczuciowy z nauczycielką i, co gorsza, Jezus Maryja, mężatką. Aby ocalić to małżeństwo, a samą ideę odbudowy zburzonego zamku uwolnić od zarzutu, że jest przykrywką dla czynów niegodnych, mianowicie cudzołóstwa, Przełęcki odgrywa komedię samounicestwienia w oczach ukochanej. Wszelkimi sposobami dąży do tego, aby zaczęła nim pogardzać. Musi odejść, by ocalić tak śmiało rozpoczęte dzieło...

To tyle o sztuce. Jej tekst dostarczyła mi Okularnica, przewodnicząca ZMP w stoczni i główna reżyserka, a także, jak się potem okazało, i aktorka w przystoczniowym teatrzyku. No więc przeczytałem ten tekst bez większego entuzjazmu. Sztuka jak sztuka, nie różniła się niczym od tych wszystkich produkcyjniaków, które teraz powstawały jak grzyby po deszczu. Trąciła myszką i śmieszyła grubymi nićmi szytą dydaktyką. Ale pomyślałem sobie: jak się nie ma, co się lubi... I stało się to moją dewizą na resztę życia.

Na pierwszą próbę trochę się spóźniłem, więc na prowizorycznej scenie już grali. Sam teatr też był prowizorką, pomieszczenie przylegało do innego budynku, stały w nim rzędy ławek, a scena opierała się na betonowych słupkach, które widzowie mogli oglądać ze swoich miejsc. Jak nic, nawet w kwestii scenografii pachniało Brechtem... jednostka niczym, jednostka zerem. No a zgrany kolektyw...

Na mój widok Okularnica przerwała próbę i powiedziała do wysokiego, chuderlawego chłopaka:

– Czesiek, zejdź ze sceny i oddaj skrypt koledze Leonowi, on będzie grał pana docenta.

Ale Czesiek wcale się do tego nie kwapił.

– Ja miałem grać pana docenta! – zaoponował.

– Nie masz warunków, kolega Leon lepiej się nadaje do tej roli!

Chudzielec jednak z uporem trwał w miejscu, co wyprowadziło reżyserkę z równowagi.

– Złaź albo cię zaraz wykopię!

Tym razem groźba poskutkowała i znalazłem się na miejscu aktora Cześka.

Próbowaliśmy dialogi z pierwszej sceny. Moment pojawienia się Przełęckiego.

PRZEŁĘCKI: „Jakże się nasz językoznawca zaczął unosić nad tym szczęściem, nad tym darem losu, że my oto posiadamy zaimek! Jakże nie zacznie wychwalać tego zaimka za to, że nie potrzebujemy powtarzać dziesięć albo i sto razy tego samego rzeczownika, ale możemy go chytrze zamienić zaimkiem! Jakże nie zacznie wychwalać tych rozmaitych zaimków za ich zasługi!".

W tym miejscu aktor, który miał grać mojego rozmówcę, zwrócił się do pani reżyserki:

– Ty, Wieśka, co to ten zaimek?!

– Nieważne, graj! – odrzekła zniecierpliwionym głosem.

– Chyba chcę wiedzieć, co gram, nie? – zaoponował.

– To taka gramatyka – rzuciła na odczepnego.

– To znaczy się jaka?

– Sraka! – odrzekła naprawdę wkurzona, ale zdaje się, że sama nie znała odpowiedzi.

Postanowiłem im pomóc:

– Zaimek odpowiada na pytanie: kto? co? Na przykład zamiast „mężczyzna" możemy użyć zaimka „on", a zamiast „kobieta" – „ona".

Oboje, pani reżyserka i kolega aktor Czesiek, popatrzyli na mnie z podziwem, a ja pomyślałem, że biorę udział w podwójnej komedii, w tej na scenie i tej poza sceną.

Próba potoczyła się dalej.

CIEKOCKI: „To jest dowcipne — prawda? To dowcipne?".

PRZEŁĘCKI: „Zstąpił z tej oto katedry, wszedł między nauczycieli i przejął ich takim szałem uwielbienia najprzód dla zaimków jakichś osobowych, później dla zwrotnych, a gdy doszedł do dzierżawczych, słuchacze szaleli gromadnie ze szczęścia. O mało nie płakali całym tłumem wraz ze swym mistrzem?".

I tutaj miała wejść z tekstem Smugoniowa, wiedziałem, że będzie ją grała szczupła, ciemnowłosa dziewczyna, która była kelnerką w stołówce i zawsze mi się podobała. Tymczasem dialog Smugoniowej wygłosiła sama reżyserka:

SMUGONIOWA: „Pan profesor Przełęcki tak to dziwnie tutaj przedstawił? Tymczasem pan profesor Ciekocki budzi rzeczywiście zachwyt swymi wykładami pospolitej, nieefektownej gramatyki".

Wypowiadała to z tak prostackim akcentem, tak niechlujnie, że powstrzymywałem się, aby nie parsknąć. Pewnie oni wszyscy podobnie grają, myślałem, oto mamy zaangażowaną nowoczesność PRL, Żeromski przerobiony na gwarę! Zamiast „swymi wykładami": „swymy wykładamy" albo zamiast „nieefektywnej gramatyki": „niefektownej gramatyky".

Czarnulka z miejsca upomniała się o swoją rolę, ale tamta zaraz ją przywołała do porządku.

– Nie potrafisz zapamiętać dwóch zdań, to jak będziesz grać?

Perspektywa duetu z reżyserką wręcz mnie przerażała, nie dość, że nosiła grube szkła, to jeszcze była przy kości, miała grube łydy, a co gorsza, wydatne piersi, które podskakiwały przy każdym jej kroku, już wymiona krów

Frau Linke miały więcej wdzięku... a mnie robiło się niedobrze. Ale próba toczyła się dalej i ku mojemu zdumieniu zaczęła mnie wciągać. Zadziałała magia teatru, mogłem przywdziać cudzą skórę i to wydało mi się czymś fascynującym.

Aktor grający Zabrzezińskiego zamilkł, a miał wypowiedzieć doniosłą kwestię: „Jesteś kolega za skromny. To niezdrowo".

Nagle zorientowałem się, że oni wszyscy na mnie patrzą, nie wyłączając reżyserki.

– Co jest? – spytałem zdezorientowany.

– Jak kolega pięknie gra! Jak w prawdziwym teatrze! – wyznała Okularnica natchnionym głosem.

W tym momencie rozstrzygnęła się moja przyszłość, zostałem aktorem na dobre i na złe, w obecnych okolicznościach z akcentem na to drugie.

Nagrywając powyższą opowieść Leona, robiliśmy przerwy, bo chwilami dusiliśmy się ze śmiechu, a poza tym pociągaliśmy z butelki, przy końcu nagrania była więc pusta i Leon zaczynał mówić niewyraźnie.

– A może dopowiesz, co się działo dalej z tą szczupłą brunetką?

Wyraźnie się nad czymś zastanawiał.

– Wiesz, że mnie możesz powiedzieć wszystko – dodałam – tylko zawsze zaznacz, do druku czy nie.

– Do druku, ale tylko w poważnej książce!

– W tej, którą o tobie napiszę.

– Jak cię znam, pognasz w świat na jakiś kolejny festiwal przyznawać weneckie lwy, srebrne i złote orły... i guzik z tego będzie.

– A właśnie, że napiszę!

Opowiedział mi o romansie z Celiną, którą nazywał ofiarą kołtunerii. Jeszcze w szkole miała chłopaka, ale nie planowali wspólnego życia, byli na to za młodzi, on wybierał się do ludowego wojska, ona kończyła ostatnią klasę technikum gastronomicznego. Więc kiedy przydarzyła im się wpadka, byli przerażeni. Do kogo może się zwrócić dziewczyna w takiej sytuacji, jak nie do matki? A matka, zamiast wziąć córkę po cichu na skrobankę (tak błędy młodości naprawiłby Leon...), narobiła hałasu i obie rodziny zdecydowały, że Celina i jej chłopak się pobiorą. Nie skończyła szkoły, bo przed końcem roku szkolnego urodziła dziecko. A potem, jak jej mąż wrócił z wojska, drugie i trzecie. Niby był dobry, nie pił, pracował w stoczni jako robotnik i co miesiąc przynosił wypłatę, zostawiając sobie tylko na papierosy. Celina siedziała z dziećmi w domu, a potem, kiedy najmłodsze poszło do przedszkola, zaczęła pracować w stołówce. Męża nie kochała, jej jedyną radością była gra w amatorskim teatrze, gdzie się z Leonem poznali. To ona do niego przyszła, wynajmował wtedy małą mansardę, na dole nikt nie mieszkał. Usłyszał kroki na schodach, a potem ciche pukanie do drzwi. Od razu wiedział, że to Celina, wciągnął ją do środka, zaczęli się całować. Przyznała mu się potem, że dopiero z nim przeżyła pierwszy orgazm.

– Wyobrażasz sobie – powiedział – urodzić trójkę dzieci i niczego przedtem nie przeżyć. A była naprawdę wspaniałą kochanką. Trafiło nas oboje, chodziliśmy jak nieprzytomni. Próbowaliśmy wtedy sztukę jakiegoś Ruska, o dobrym kierowniku kołchozu i złym brygadziście wywrotowcu. Obaj walczyli o kobietę, którą grała Celina. Okularnica widziała mnie w roli Kierownika, ale ja wybrałem Brygadzistę. Powiedziałem jej, że wolę grać czarne charaktery i od razu się zgodziła, wtedy już jadła mi z ręki.

No i dzień premiery. Na sali dostojni goście, dyrektor stoczni z małżonką, kierownik Wydziału Kultury KC, bo wraz z nim przyjechał z Warszawy *attaché* kulturalny ambasady radzieckiej i sam autor. Wszystko oczywiście miało mieć efekt propagandowy. Gramy. Chyba ja jeden tylko byłem rozluźniony, a nawet rozbawiony tą sytuacją, do czasu, gdy w scenie końcowej mój Brygadzista został zdemaskowany przez dzielnego Kierownika. Teraz powinna wbiec Celina i rzucić się na szyję oczyszczonemu z zarzutów ukochanemu. I wbiegła, ale rzuciła się na szyję Brygadziście ze słowami: „Kocham cię, najdroższy, zawsze wiedziałam, że jesteś niewinny!".

Szybko opuszczono kurtynę.

– Wyobrażam sobie, co potem się działo!

Oj, działo się, działo, najpierw wpadł za kulisy czerwony jak burak dyrektor stoczni, potem kierownik Wydziału

Kultury KC, potem jeszcze jakiś oficjel z Warszawy i wszyscy głośno krzyczeli, że to taki wstyd przed towarzyszami radzieckimi, a nawet być może sabotaż! Ja to wszystko musiałem wziąć na klatę, bo Okularnica uciekła, Celina ryczała w kącie, a reszta aktorów stała zbita w gromadkę jak stadko owiec. Kiedy na chwilę czerwony aktyw umilkł, bo się zatchnął własną złością, jak mawiała nasza przedwojenna gosposia, ze spokojem stwierdziłem: „Panowie, co się takiego właściwie stało? Że aktorka się pomyliła? To się czasami zdarza, a pani Celina jest w trzecim miesiącu ciąży, hormony buzują, więc straciła na chwilę orientację". Ci popatrzyli po sobie i chyba trafiło im do przekonania takie wytłumaczenie. Żadnych większych konsekwencji nie wyciągnięto.

– A co z tą ciążą? Przecież podejrzewano by ją potem o aborcję.

– Coś ty, wszyscy wiedzieli, że to lipa, nawet ci z Warszawy. Poza delegacją radziecką, ci przejęli się bardzo i wyrazili nadzieję, że aktorce i jej dziecku to wielkie zdenerwowanie nie zaszkodzi.

– O kurczę, więc pełny *happy end*. Dlaczego ty nigdy tego nie opowiadasz, to piękna historia.

– Ze względu na Celinę, na pewno śledzi moją prasę i byłoby jej przykro, że tabloidy wycierają sobie gębę naszą historią.

– A jak się to między wami skończyło?

– Nawiązałem kontakt z Teatrem Wybrzeże i postanowiłem przenieść się do Gdyni.

– Więc koniec romansu?

– Niekoniecznie, zaproponowałem jej wspólne życie.

– A dzieci?

– Wzięlibyśmy je ze sobą.

Patrzyłam na niego zdumiona.

– Żartujesz?!

– Mówię prawdę.

– Przecież nie znosisz dzieci, sam mi mówiłeś, że sto razy bardziej wolisz psy!

– Chciałem to zrobić dla niej.

– Kochałeś ją?

– Lubiłem.

Pokręciłam z niedowierzaniem głową.

– I dla kogoś, kogo tylko lubiłeś, chciałeś wywrócić swoje życie do góry nogami?! Trudno mi w to uwierzyć!

Leon wzruszył ramionami.

– Myśl sobie, co chcesz.

Chyba jednak mówił prawdę.

– Czekam na puentę!

– No, ustaliliśmy, że pojadę pierwszy, rozejrzę się w sytuacji, a potem ich do siebie ściągnę. Wynająłem mieszkanie dwupokojowe, w domku z ogródkiem, nawet niedrogo, poza tym dostałem pracę, dziś by się powiedziało, nocnego ochroniarza w banku. Było mi to na rękę, bo jak wiesz, uczęszczałem do szkoły aktorskiej Iwo Galla.

– I co dalej?

– Dalej dostałem od niej list, że jednak, mimo iż mnie bardzo kocha, nie opuści męża, bo by się na pewno rozpił, a to dobry człowiek i ojciec jej dzieci.

Długą chwilę oboje milczeliśmy.

– Zdumiewająca historia! – odezwałam się pierwsza.

– Dlaczego? Takich jest na pęczki, ludzie sami zakuwają się w kajdany, męczą się ze sobą, chociaż mogliby żyć inaczej.

– Nigdy bym się nie spodziewała, że potrafisz się tak zachować, mam cię za egoistę i egocentryka.

– Dziękuję. – Widziałam, że poczuł się urażony.

– Mówimy sobie prawdę, tak?

– To jest twoja prawda.

– A jaka jest twoja?

– Że jestem egocentrykiem i egoistą, w takiej kolejności.

W czterdziestym dziewiątym roku z amatorskiego teatru trafiłem do Studia Teatralnego Iwo Galla w Gdyni i uczęszczałem tam przez rok, dopóki nie zostało zlikwidowane, a sam Iwo – przeniesiony w inne miejsce. Jego poetycki teatr nie pasował do prząśnej, socjalistycznej rzeczywistości.

Iwo był wybitną postacią teatru i przez ten rok nauczyłem się od niego więcej niż przez resztę swojego aktorskiego życia. Dzięki temu, że nie miałem solidnego wykształcenia, mówiono później o mnie, że gram bardzo naturalnie, po amerykańsku, bez tej maniery, która tak bardzo przeszkadzała aktorom po szkole w przestrzeni kinowej, w której ja z kolei czułem się jak ryba w wodzie.

Co do Iwo Galla, to ukończył Akademię Sztuk Pięknych w Krakowie i był uczniem samego Józefa Mehoffera, w czasie studiów związał się też z „Zielonym Balonikiem", a nawet uczestniczył w programach kabaretowych, zajmował się też rysunkiem satyrycznym i karykaturą. Później studiował w Berlinie i w Wiedniu. W okresie powojennym wyjechał do Gdyni i ściągnąwszy swoich uczniów z Krakowa, założył Teatr Wybrzeże. To byli wszystko pasjonaci, wspaniali ludzie teatru, czasy były takie, że zakasywali rękawy i zamieniali się w inspicjentów, suflerów, a jak było trzeba, także zwykłych robotników montujących dekoracje. Pierwszy spektakl, jaki obejrzałem w tym teatrze, był inspirowany tekstami Tadeusza Gajcego i zachwycił mnie do tego stopnia, że nie ruszyłem się z miejsca nawet wtedy, gdy publiczność opuściła salę. Chciałem nacieszyć się tą atmosferą tajemnicy, woźny znając mnie z widzenia, tylko przygasił światła. A potem nagle pojawił się sam reżyser, zajął miejsce obok i tak siedzieliśmy w milczeniu.

A potem była „Balladyna" Słowackiego, „Wiśniowy sad" Czechowa, Szekspira „Maria Stuart" i „Jak wam się podoba", to ostatnie wystawiane na scenie obrotowej, z podestami i schodami. Aktorzy sami sterowali obrotówką. Marzyłem, aby kiedyś do nich dołączyć.

Po rozpędzeniu gdyńskiego teatru ja też opuściłem Wybrzeże i wiatry zaniosły mnie do Bydgoszczy, gdzie zarekomendowany przez Iwo Galla zostałem przyjęty na etat, czyli innymi słowy nosiłem halabardę. Ale najważniejsze było to, że miałem możność wejścia na prawdziwą scenę. Wynająłem pokój u dwóch sióstr, repatriantek ze Lwowa. Mieszkanie było przedwojenne, dość duże, nawet z takim korytarzykiem łączącym skrzydła, więc mógłbym się czuć swobodnie, przyjmować w buduarze panie... gdyby nie spóźnione uczucia macierzyńskie, którymi te wiekowe stare panny mnie obdarzyły. Troszczyły się o wszystko, czy mam czystą koszulę, czy nie jestem głodny. Na tamte czasy były dość zamożne, bo stać je było na gosposię, która prała, sprzątała i, trzeba powiedzieć, gotowała wspaniałe obiady. Powtórzyła się historia z mojego pobytu w Krakowie, gdzie u inżynierostwa B. sadzano mnie na siłę przy stole. Tutaj zamiast kpiącego wzroku pensjonarki Wandy musiałem znosić rozmodlone spojrzenia pań Honoraty i Elizy. Podsłuchałem, że między sobą mówią o mnie *signore* Leonio, co mogło mieć związek z tym, że obie były rozkochane w kulturze włoskiej. Ich ojciec, dobrze prosperujący adwokat lwowski, aż do wybuchu wojny wywoził całą rodzinę na wakacje do Włoch. Co tu dużo mówić, byłem przez nie terroryzowany tym stałym uwielbieniem, kiedy nieopatrznie podarowałem im bilety na „Świętoszka" Moliera, gdzie grałem Kleonta, absztyfikanta Marianny, pękały z dumy i od tego czasu przychodziły na wszystkie sztuki, w których grałem.

Teatr Polski w Bydgoszczy miał wspaniałe tradycje, przed wojną za dyrekcji Wandy Siemaszkowej grano ambitny repertuar, głównie polskich autorów: Słowackiego, Fredrę, Rydla, Wyspiańskiego, ale Siemaszkowa nie utrafiła w gusta publiczności, teatr zaczął świecić pustkami. Zaraz po wojnie był sceną prywatną, nosił nazwę Teatru Małego, potem przemianowano go na Teatr Polski, a dyrektorem został Wilam Horzyca, kolejne wielkie nazwisko. Zatrudniał świetnych aktorów: Józefa Kondrata, Kazimierza Wichniarza, Zofię Wierzejską. Grano „Obronę Ksantypy" Morstina, „Szelmostwa Skapena" Moliera, niestety Horzyca powtórzył los Siemaszkowej i po roku rozstał się z teatrem, a w ślad za nim odeszli ci znakomici aktorzy. Kiedy ja się tam pojawiłem, teatr już upaństwowiono, powstało Przedsiębiorstwo Państwowe Teatry Ziemi Pomorskiej Bydgoszcz–Toruń. Zmienił się repertuar na bardziej rozrywkowy. Czasami zdarzała się perełka, jak na przykład molierowski „Świętoszek". Spektakle odbywały się już w nowym gmachu teatralnym projektu znanego architekta Alfreda Licznerskiego.

Miałem to szczęście, że wtedy kierownikiem literackim był Adam Grzymała-Siedlecki, który czasami sam reżyserował, musiał zwrócić na mnie uwagę, bo zaproponował mi rolę Dziennikarza w „Weselu". Nie muszę ci mówić, co to dla mnie znaczyło! Kiedy zakomunikowałem to moim kresowiaczkom, wyciągnęły karafkę z porzeczkową nalewką na spirytusie, która mocno nam poszła do głowy. Obie siostry wydały mi się nadzwyczaj sympatyczne, a nazajutrz nie miałem śladu kaca. Zaprosiłem je na premierę, na którą włożyły suknie wieczorowe z czarnej koronki i wyglądały jak ze sztuki „Panna Maliczewska"!

Szczęście mi naprawdę dopisywało, w recenzjach z „Wesela" pojawiało się moje nazwisko, jako aktora rokującego, o doskonałych warunkach fizycznych.

Adam Grzymała-Siedlecki był ważną postacią w moim życiu, pozwolił mi zadebiutować na scenie, w pełnym tego słowa znaczeniu, a poza tym to za jego namową w tysiąc dziewięćset pięćdziesiątym drugim roku przystąpiłem do egzaminu eksternistycznego w Państwowej Wyższej Szkole Teatralnej i z czystym sumieniem mogłem myśleć o sobie jako o zawodowym aktorze.

Ale w życiu prywatnym posucha. Jeśli chodzi o koleżanki z teatru, to jakoś nie działały na moje męskie hormony, może dlatego, że poznawałem ich cielesność od strony najmniej romantycznej, często widywałem je w garderobie w negliżu, z rozczochranymi włosami i na wpół startym makijażu. Podobnie pokazywał je Fellini w swoich filmach, ta scena z Anitą Ekberg w fontannie! Kobiecość doprowadzona do karykatury... odstręczająca...

– Myślę, że panowie różnie to odbierają – wtrąciłam. – Nie wszystkim duży biust kojarzy się z krowim wymieniem!

Po bydgoskich ulicach chodziły fajne dziewczyny, stałem się znany, więc robiły do mnie oko, ale ja wtedy byłem zwrócony w głąb siebie, badałem swoje możliwości aktorskie, a nie sprawność seksualną.

W pięćdziesiątym trzecim roku dostałem angaż w łódzkim Teatrze Powszechnym i przeniosłem się do Łodzi. Kierownikiem artystycznym była wtedy Jadwiga Chojnacka, dobra aktorka, ale zapaskudziła sobie życiorys jako partyjna działaczka, była nawet członkiem komitetu PZPR, w związku z czym trzymałem się od niej na dystans. Łódź jest wyjątkowym miastem, choćby z powodu słynnej filmówki, na ulicach widuje się znane twarze, aktorów i reżyserów. Szkoła filmowa tak naprawdę stała się miejscem kultowym po odwilży pięćdziesiątego szóstego roku. Zmienił się program nauczania, obejmował teraz także światowe kino, więc sala w rektoracie pękała w szwach, kiedy odbywały się tam projekcje filmów amerykańskich i zachodnioeuropejskich, niedostępnych w normalnej dystrybucji. Chłonąłem te filmy całym sobą, to było aktorstwo, które mi odpowiadało, miałem nawet takie chwile, kiedy chciałem wskoczyć w ekran i do nich dołączyć. Szczególne wrażenie wywarł na mnie obraz z Garym Cooperem „W samo południe". Próbowałem wzorować się na nim w latach późniejszych, kiedy stałem się aktorem filmowym, tyle że role, w których mnie obsadzano, nie dawały wielkich możliwości. Po raz pierwszy pokazałem się na ekranie, tak bym to nazwał, w epizodycznej roli, w filmie Kawalerowicza „Celuloza", ale mimo że obraz uznano za udany i zagrała w nim cała czołówka aktorska, nie wspominam go dobrze. Była to opowieść o chłopaku, który ucieka z rodzinnej wioski przed nędzą i głodem i odbiera surową lekcję życia, kończąc jako ochotnik w czerwonej Hiszpanii... Od ciemniaka do partyjniaka, tak bym to określił. Skazą tego filmu była dydaktyka, nachalny podtekst polityczny, ale nie można mu odebrać autentyczności, metamorfoza bohatera pokazana przekonująco.

Tak oto po raz pierwszy zetknąłem się z reżyserem filmowym i to tej klasy co Kawalerowicz, nasze następne spotkanie zaowocowało jedną z ważniejszych moich ról. Przedtem była co prawda „Baza ludzi umarłych", ale kudy Petelskiemu do Kawalerowicza. Petelski bez żony był jak dziecko zagubione we mgle. Film kręciliśmy w Sudetach, więc ciągle jeździł do telefonu, do Lądka-Zdroju, nie było wtedy komórek, i się z połowicą konsultował. A my graliśmy, jak się nam podobało, wściekał się, ale nie był w stanie opanować naszej samowoli, wszystko właściwie zależało od autora zdjęć, genialnego Kurta Webera. Kawalerowicz miał jasną koncepcję i nie popuścił aktorowi ani na milimetr, a moim zdaniem „Pociąg" mieści się w przedziale kina światowego.

Dwoje ludzi, kobieta i mężczyzna, zamknięci w przedziale pociągu, akcja rzadko przenosi się poza cztery ściany. Oboje przeżywają jakiś dramat, atmosfera gęstnieje, a pociąg pędzi... oczywiście nie prawdziwy, ale wyczarowany przez magów łódzkiej Wytwórni Filmów Fabularnych. W hali zdjęciowej ustawiono dwa specjalnie zaprojektowane wagony sypialne ze zdemontowanymi ścianami, co umożliwiło ustawienie świateł i kamery. Wagony stały na sprężynach, więc jeden człowiek spokojnie mógł wprawić je w drgania imitujące rytm pociągu. Elektryczne wiatraczki i nitki przyczepione do firanek w przedziale dawały złudzenie pędu powietrza, a obracające się lustra odbijały obraz za oknem. Zatłoczone wnętrze korytarza filmowano ze specjalnego wózka, na którym stała kamera i statyści przepuszczali wózek w taki sposób, w jaki się przepuszcza przechodzącego korytarzem człowieka... To jest ten cud kina, widz oglądając film, wie, że to tylko iluzja, a jednak daje się wciągnąć w fabułę.

W pięćdziesiątym piątym roku zagrałem u Jana Rybkowskiego w „Godzinach nadziei" niedużą rólkę... amerykańskiego oficera! Wioska na Ziemiach Zachodnich, ostatnie dni wojny i nagle z hukiem motorów wjeżdża

Armia Stanów Zjednoczonych, w tle jazzowa muzyka, improwizacje na fortepianie, a na czołgach malunki, na przykład Myszka Miki albo napis *Keep smiling*. Nastrój bardzo zabawowy, no i ja, w amerykańskim mundurze i słonecznych okularach... Mój stały rekwizyt w „Pociągu" i „Nożu w wodzie". Tutaj zdejmuję te okulary i pozdrawiam miejscową ludność.

Pada pytanie:

America?

A ja:

– *Oh yes, America. Yankee!*

Wydawało się, że Rybkowski nakręcił groteskę, ale groteskowa miała być tylko armia amerykańska!

Dziwne, bardzo dziwne, że nasza przyjaźń przetrwała tak długo. Były lepsze i gorsze okresy, spotykaliśmy się częściej lub rzadziej, ale zawsze pamiętaliśmy o sobie. Trudno nam było umówić się na kolejne nagranie, bo albo ja nie miałam czasu, albo jemu coś wypadło w ostatniej chwili.

Parę lat temu zasiadałam w jury Festiwalu Młodego Kina w Koszalinie. Oglądało się filmy, a wieczorem odbywały się biesiady. Rozmawialiśmy głównie o sprawach naszego środowiska, między innymi o filmach, jakie wywarły na każdym z nas największe wrażenie. Dla jednego z kolegów to było „Zwierciadło" Tarkowskiego, dla innego

„Ojciec Chrzestny II" Coppoli, ktoś wymienił „Obywatela Kane'a", ktoś inny„ Dawno temu w Ameryce", a ja właśnie „Pociąg" Niemczyka i Kawalerowicza.

– Dla mnie Niemczyk to jedyny aktor filmowy w Polsce – odezwał się znany operator. – Wszyscy inni, niby ci wielcy, to aktorzy teatralni przeniesieni na ekran, Holoubek, Zapasiewicz, Gajos, podają tekst jak ze sceny. Tylko naprawdę wielcy aktorzy to potrafią, jak Burton na przykład, był w teatrze genialnym aktorem szekspirowskim, a w kinie – filmowym.

Na to ktoś wtrącił:

– To samo Branagh!

– W ogóle polskie kino to dla mnie raczej teatr w kinie – stwierdził młody człowiek, dopiero przymierzający się do zawodu. – Na przykład filmy Wajdy, może dlatego, że czerpał z literatury, ale to moim zdaniem je dyskwalifikuje. U nas jedynie Kawalerowicz był *stricte* reżyserem filmowym... genialnym... Tak jak pani Barbara wymieniła „Pociąg", za każdym razem, jak się go ogląda, dreszcz na plecach. Co do Niemczyka też się z nią zgadzam, aktor klasy światowej, co pokazał w „Nożu w wodzie...". Szkoda, że tak mało grał...

– Jak to mało, natrzaskał tych ról z kilka setek! – zaoponował jego kolega.

– Drugoplanowych – wszedł mu w słowo mój sąsiad – ale kino go kochało, nawet w epizodzie przyćmiewał innych... Miał pecha, że nie urodził się w Ameryce, tam by się wybił na sto procent. Wyobraźcie sobie, że by zagrał na przykład u takiego Coppoli...

– Dlaczego mówicie o nim w czasie przeszłym – obruszyłam się.

I nagle zrobiło się cicho.

W naszych rozmowach ciągle wracaliśmy do „Pociągu" i „Noża w wodzie", ja zawsze dodawałam „Bazę ludzi umarłych", którą Leon traktował po macoszemu, nie mogąc wybaczyć Petelskiemu zakończenia.

W jednym z wywiadów Kawalerowicz zdradził, skąd się wziął pomysł nakręcenia filmu, w którym akcja od początku do końca dzieje się w pociągu. Chociaż w kinie to nie była żadna nowość, bardzo często reżyserzy sięgali po ten lokomocyjny... leitmotiv, począwszy od braci Lumière w filmie „Przyjazd pociągu na stację w La Ciotat". Sprawdziłam, to był rok tysiąc osiemset dziewięćdziesiąty piąty!

Kawalerowicz opowiadał, że kiedyś sam jechał pociągiem z Warszawy na Wybrzeże, na spotkanie ze swoją narzeczoną Lucyną Winnicką, która potem zresztą zagrała główną rolę w tym filmie! I wtedy nocą, samotny w przedziale, wyobraził sobie, co mogą myśleć tacy pasażerowie. Może czekają, że w tej podróży stanie się coś, co zmieni ich życie? W pociągu jest się kimś anonimowym, dlatego tak łatwo przychodzą nawet najintymniejsze zwierzenia. A potem pociąg wjeżdża na stację i wszystko wraca na stare tory!

O Leonie w jednym z wywiadów Kawalerowicz powiedział coś takiego:

„To było bardzo nietypowe dla polskich aktorów, ale właśnie Leon Niemczyk był niezwykle wyczulony na kamerę. Spotkałem się z nim dwa razy, raz przy »Celulozie«, drugi raz przy realizacji »Pociągu«. Przy pracy nad tym drugim filmem Niemczyk zaskoczył mnie swoją grą. Potrzebowałem takiego zwykłego pasażera, zwyczajnego faceta, a on dodał tej postaci niezwykłej tajemnicy i głębi" (PAP).

Reżyser zdawał sobie sprawę, że takie ograniczenie przestrzeni pozwala przyjrzeć się wnikliwiej przebywającym tam osobom. Stukot kół pociągu może wyzwalać różne tęsknoty, schowane gdzieś głęboko w codziennym życiu!

Wracając do Leona – wspominał, że Winnicka dostała nagrodę za rolę w „Pociągu" na festiwalu w Wenecji: „Moim zdaniem niesprawiedliwie, to ja powinienem zostać nagrodzony za to, że dotrwałem do końca zdjęć, mimo niezgodności feromonów moich i Lucyny. Wiesz, takich substancji w organizmie, wyzwalających zachowania płci przeciwnej u ludzi i zwierząt. Wtedy można mówić o pożądaniu, kiedy zachodzą pozytywne zmiany w mózgu, na przykład u mężczyzny na widok kobiety, niestety, mój mózg nie odpowiadał na feromony Lucyny... Trudno mi było zagrać z nią scenę miłosną, właśnie z tego powodu, ale, jak wiadomo, aktor potrafi!".

W filmie dokumentalnym o Leonie „Zawodowiec" Winnicka wspominała ich wspólną grę w „Pociągu" i jak do tego doszło, że jej partnera zagrał Leon. Było dwóch kandydatów do tej roli, Leon i Stanisław Zaczyk. Zaczyk, bardzo przystojny, o pięknej twarzy, ale stwierdziła, że był za miękki, zbyt kobiecy, Leon natomiast silny, męski, miał w sobie coś nieznanego...

„No ale zupełna katastrofa była z Jolką Umecką – mówił – moją partnerką w »Nożu w wodzie«. Teraz myślę, że jednak potraktowaliśmy ją zbyt okrutnie. Była sama jedna, pośród tej zgrai cyników. Polański wypatrzył ją na basenie Legii i zaprosił na zdjęcia próbne, wypadły dobrze, bo wtedy była ładną, zgrabną dziewczyną. Ale na planie filmowym pojawiła się o kilkanaście kilo grubsza, nie przesadzam. Roman był przerażony, staraliśmy się chować przed nią jedzenie, bo miała coraz większy apetyt. Raz nawet poczęstowaliśmy ją kawałkiem styropianu i... zjadła go ze smakiem!".

Często oburzałam się na Leona za jego, moim zdaniem, lekceważący stosunek do kobiet. Wiele takich rozmów przeprowadziliśmy, bo taka była ta nasza pokręcona przyjaźń, pełna czułości i oddania, ale w sprawach cielesnych zamknięta na kłódkę. Kiedy czasami przytrafiło nam się upić we dwoje, Leon zaczynał swoje żale.

– Dlaczego się tak upierasz? Wiesz, jaki seks potrafi być piękny!

– A pamiętasz twarze kobiet, z którymi spałeś?

– Twojego pyszczka nigdy bym nie zapomniał.

– Bo jestem dla ciebie niedosięgłym marzeniem!

– Skromna to ty nie jesteś!

Tak się ze sobą przekomarzaliśmy, ale naprawdę on też nie chciał zniszczyć tego, co było między nami. I czas pokazał, że mieliśmy rację. Wiedziałam, że kiedy będę go potrzebowała, zjawi się, choćby miał iść z tej swojej Łodzi piechotą.

Jego choroba była dla mnie strasznym ciosem, tym bardziej że dowiedziałam się o niej z tzw. kobiecego pisma, u fryzjera. Spojrzałam na datę, była sprzed miesiąca. Dziennikarka przeprowadzająca wywiad zaczęła: „Kilkanaście dni temu gruchnęła wieść: Niemczyk ma raka płuc...".

„Chcieliby mnie uśmiercić, a ja jestem nie do zdarcia, jak stary but – tak aktor skomentował te rewelacje. – To prawda, byłem w szpitalu w grudniu ubiegłego roku. Stwierdzono u mnie wodę w lewym płucu. Odezwały się stare czasy: okupacja, więzienie, spanie na betonie. Lekarze wzięli mnie w obroty. Rozcięli, wypompowali, co trzeba. Teraz nie mogę robić gwałtownych ruchów i szybciej się męczę. Ale nigdzie się jeszcze nie wybieram. Ciągle mam tu dużo do zrobienia".

Z miejsca do niego zadzwoniłam z pretensją, dlaczego o jego chorobie dowiaduję się z tabloidu. Odpowiedział, że nie było mnie, szwendałam się po świecie, szlakiem weneckich Lwów, Orłów, Oscarów...

– Ale już wróciłam, rozmawialiśmy kilka razy przez telefon i nie puściłeś pary.

– Nie chciałem cię martwić, u starców rak wolno się rozwija, więc nie ma co wpadać w panikę. Jeszcze nie wieczór, jeszcze pójdziemy do „Samsona" na wódeczkę.

Często tam bywaliśmy. Kiedyś Leon nie zastał mnie w domu, więc włożył kartkę w drzwi: „Ty czarownico! Gdzie znów poleciałaś na swojej miotle? Czekam w »Samsonie«. Leon".

Ale niestety to był już wieczór.

I telefon pożegnalny. Poprosił mnie, abym już nie dzwoniła, a o mojej wizycie w Łodzi nie ma mowy. Tym bardziej że nie jest sam...

– Po raz pierwszy nie chcę, byś mnie oglądała w łóżku! – zażartował.

– Chcesz mnie spławić, po tylu latach – odrzekłam.

– To mnie spławia kostucha, ku... ma.

Wiedziałam, że to znaczy *kurwa mać*, widocznie ktoś był obok.

– Leon, czego żałujesz tak naprawdę?

– Że nie udało mi się zagrać Pattona, skubany George C. Scott mnie ubiegł i w dodatku grał fatalnie!

– Dostał za tę rolę Oscara! To jedna z najlepszych kreacji w historii kina!

– A co to ten Oscar, kupa żelastwa i tyle!

– On też tak mówił... Nawet go nie odebrał, wolał oglądać hokeja. A poza tym bardziej przypominał generała niż ty!

Powinnam była ugryźć się w język, ale zawsze traktowaliśmy siebie poważnie i mówiliśmy to, co o sobie myślimy. Zapowiadało się, że będzie to nasza ostatnia kłótnia.

– To ja widziałem go na żywo i tylko ja mogę ocenić, czy go przypominam, czy nie – zagrzmiał. – Musiałbym tylko trochę rozjaśnić włosy...

Pomyślałam z czułością, że niewiele mu tych włosów zostało.

Podczas kręcenia „Noża w wodzie", filmu, który miał się stać przełomowy w karierze Leona i niestety takim się nie stał, opowiadał mi o filmowej kuchni.

Jak wiadomo, w filmie oglądamy tylko trzy osoby, dziennikarza sportowego Andrzeja, jego żonę Krystynę i przygodnie napotkanego autostopowicza. Małżeństwo zaprasza chłopaka na krótki rejs jachtem, dzieli ich niemal wszystko: status społeczny i materialny, wiek, doświadczenie, stosunek do życia, ale kiedy pomiędzy dwóch samców wkracza kobieta, zaczyna się między nimi rywalizacja, chęć pokazania własnej wyższości.

Dochodzi do kłótni, uderzony przez Andrzeja chłopak wpada do wody i znika. Zaczynają się nerwowe poszukiwania, w końcu małżonkowie dochodzą do przerażającego wniosku, że chłopak utonął. Andrzej płynie do brzegu, aby powiadomić milicję. Kiedy się dostatecznie oddala, autostopowicz wraca na jacht, gdzie została Krystyna, ale nie jest to jeszcze końcowa puenta...

Leon opowiada:

Polański miał pomysł na kryminał, para zabiera autostopowicza, który potem ginie w niewyjaśnionych okolicznościach. W filmie akcja dzieje się w ciągu jednego dnia, natomiast w pierwotnej wersji w ciągu tygodnia, przy dużo większej obsadzie. To współscenarzysta Jerzy Skolimowski namówił Romana na zmianę koncepcji.

W pierwszej scenie ja i Jolka jedziemy samochodem, niestety z miejsca zaczynają się kłopoty, bo nie dało się tego nakręcić cofającą się platformą, nie można też było ustawić kamery na masce samochodu. No to chłopaki zrobili dziurę w kocu na obiektyw i zakryli przednią szybę. Tylko jak ja miałem prowadzić samochód, przecież nic nie widziałem!

– My wykonaliśmy swoją robotę, teraz ty główkuj, jak z tego wybrniesz – powiedzieli do mnie. No to pogłówkowałem i wymyśliłem, że będę się orientował na przydrożne drzewa. Patrzyłem tylko, czy się zanadto nie oddalają lub nie przybliżają, bo to by znaczyło, że samochód skręca. I udało się za pierwszym razem.

Pamiętam też taki numer, jedna ze scen na jachcie miała być kręcona z góry i mimo że był silny wiatr, Romek kazał Jerzemu Lipmanowi wspiąć się na maszt, patrzyliśmy tylko, kiedy chłop z niego zleci. A reżyser, cały w skowronkach, ciągle wydawał Jurkowi sprzeczne polecenia, w końcu Lipman się wściekł, najpierw rzucił mięsem, a potem wrzucił kamerę Arriflex do wody, nie dało się jej już odzyskać. Zdjęcia przerwano na kilka dni, dopóki nie sprowadzono nowej. Właściwie to Roman powinien się obrazić na Lipmana, a było odwrotnie, operator chodził jak chmura gradowa, nawet nie przysiadł się wieczorem w restauracji do naszego stolika.

Początkowo kręciliśmy w Mikołajkach, ale większość w Giżycku, gdzie było o tej porze roku mnóstwo turystów, a według scenariusza musiało być pusto, więc policyjne motorówki „czyściły nam teren" z kajaków, łodzi i żaglówek.

Mieszkaliśmy w orbisowskim hotelu, dość przyzwoitym na tamte czasy, a stołowali w restauracji „Centralna", miło było siąść po ciężkim dniu pracy przy stoliku w rogu sali, coś przegryźć i napić się piwa. Film kręciliśmy latem, ale dokrętki jesienią, gdzieś w połowie października. Było już dość zimno, ekipa stała na brzegu w kożuszkach, a my, aktorzy, pływaliśmy w lodowatej wodzie. Dla mnie to nic, byłem zahartowany, ale Jolka i Zygmunt narzekali strasznie.

Rolę Chłopaka chciał zagrać początkowo sam reżyser, jednak kierownik produkcji Jerzy Bossak kategorycznie się temu sprzeciwił, twierdząc, że Roman jest zbyt drobnej postury i zniknie na tym dużym jachcie. Więc chociaż tyle, że podłożył swój głos, bo Malanowicz mówił basem. To samo z Umecką, za bardzo piszczała i głosu użyczyła jej inna aktorka.

Polański na planie był niezwykle apodyktyczny, tyran po prostu. Nic go nie obchodziło poza tym, żeby ujęcie dobrze wyszło, wiązało się to często wręcz z cierpieniami aktorów. W dodatku nie przebierał w słowach, więc często leciały „kurwy" i „chuje". Muszę przyznać, że ten mały Romek był świetnym żeglarzem. Nieźle się wysilałem, by zrobić na nim wrażenie. Przed rozpoczęciem zdjęć chodziłem nawet na szkolenie i potem nabyłem patent sternika, ale na planie towarzyszył mi i tak instruktor żeglarstwa...

„Nóż w wodzie" odniósł wielki światowy sukces, sam reżyser też, i chyba przyczyniłem się do tego sukcesu Romka. Często mnie pytają, czy nie mam żalu, że Polański na moich plecach dostał się do Hollywood, a mnie pokazał figę.

Ale ja przecież siedziałem w komunistycznym więzieniu, jakim do osiemdziesiątego dziewiątego roku była Polska Ludowa. Nawet nie wiedziałem, że mistrz amerykańskiego kina Anatole Litvak po sukcesie „Noża w wodzie" chciał mnie zaprosić do Ameryki, wtedy monopolista Film Polski wrzucił tę propozycję do kosza, jak i wiele innych, na przykład z Francji. Woleli mieć rybę w saku niż na wolności... A po osiemdziesiątym dziewiątym? To nie jest takie proste, nie tylko reżyser decyduje o obsadzie, często ostatnie słowo mają producenci... Ale nie żałuję straconych okazji, bo to tak, jakbym żałował niegdysiejszego śniegu... Żałuję tylko, że nie wyjechałem z Polski...

Trudno mi było zrozumieć, dlaczego Leon konsekwentnie odmawia spotkań z jedynym żyjącym bratem. Nie widzieli się ani razu w czasie wizyt Ludwika w Polsce. W filmie „Wielkie ucieczki", wyprodukowanym przez telewizję TVN, Leon wystąpił tylko dlatego, że nie wiedział, iż dotyczy też jego brata. Wściekał się potem, poleciało parę niecenzuralnych słów pod adresem realizatorów.

– Nie dziwię się im – odrzekłam – że ci nie powiedzieli. Z miejsca byś odmówił.

Pamiętam, zadałam mu kiedyś pytanie, czy uważa, że jest dobrym człowiekiem. Odpowiedział krótko:

– Nie!

Czasami chodziliśmy razem do kina, początkowo miałam obawy, że ludzie będą się gapić na Leona zamiast na ekran, ale okazało się, że nikt na nas nie zwraca uwagi, nie rozpoznawano w nim aktora Niemczyka. Może dlatego, że w filmach wydawał się wyższy, no i nosił te swoje ciemne okulary. Kiedy mu o tych okularach powiedziałam, roześmiał się. Był tylko o dwa centymetry wyższy ode mnie, protestowałam więc, że nazywa mnie „mała", na co odpowiedział:

– Nie wiesz, że dwa centymetry robią wielką różnicę?

– Wszystko ci się z seksem kojarzy!

A on:

– Mężczyzna, który traci zainteresowanie seksem, jest już na wpół martwy.

W Łodzi Leon też nie był rozpoznawany na ulicy, pomyślałam, że to znak czasu, gdy aktorzy telewizyjnych tasiemców stają się bożyszczami tłumów. Co prawda Leon też w tych tasiemcach występował, ale nie zachowywał się jak gwiazdor, nie pojawiał się na czerwonym dywanie ani nie fotografował na ściance czy pod ścianką, nie wiem, jak się to pozowanie nazywa.

Powinien się pojawić na innym czerwonym dywanie, z Oscarem w ręku. Dorównywał największym światowym aktorom, ale pech chciał, że przyszedł na świat w małym, prowincjonalnym kraju we wschodniej Europie.

Rozmawialiśmy o tym na wycieczce w Bieszczady, na którą Leon mnie zabrał mimo moich protestów.

Podróż samochodem nie przebiegła bezproblemowo, bo Leon jadąc dość szybko, potrącił przechodzącego przez szosę jeża, który odbił się od koła i upadł na pobocze. Zjechaliśmy z głównej drogi w poszukiwaniu weterynarza, trwało to dosyć długo, wreszcie jakiś się znalazł i mimo że było po godzinach przyjęć, otworzył dla nas swój gabinet. Weterynarz poznał Leona, niestety jako aktora serialowego, wypytywał nawet o kolejne odcinki, na co Leon odpowiadał półgębkiem, dobrze wiedząc, co ja o tym myślę. Jeż miał poturbowany bok i złamaną łapkę, którą trzeba było unieruchomić. Dostaliśmy dla pacjenta pudełko wyłożone ligniną, za nic nie chciał też weterynarz przyjąć od Leona należności za wizytę.

– Jeż na wolności jest własnością wszystkich, więc także moją – powiedział – a teraz oddaję go panu, panie Leonie, pod opiekę!

I Leon opiekował się troskliwie zwierzątkiem, dopóki nie wyzdrowiało, a potem wywiózł je do lasu. Ale najpierw jeż pojechał z nami na wycieczkę w Bieszczady. Rozbiliśmy namiot w ustronnym miejscu, Leon miał wszystko, co było potrzebne do takiego koczowania, na maszynce spirytusowej rankiem zaparzył nam nawet kawę. W nocy długo rozmawialiśmy. Czy niełatwe zawody, którym się poświęciliśmy, i nasz wysiłek zostały odpowiednio docenione przez innych.

– To, co inni myślą o mojej pracy, mam w głębokim poważaniu – odrzekł. – Najważniejsze jest to, co ja o tym myślę. Czy dałem z siebie wszystko, czy spartaczyłem rolę...

– No tak, ale nie grasz dla siebie, ale dla innych.

– A jak jakiś tuman, który nawet nie liznął okładki książki i nie wie, kto to był Gombrowicz, będzie oceniał moją rolę w „Iwonie, księżniczce Burgunda", też mam się liczyć z jego zdaniem?

– Powinieneś grać tak, żeby cię zrozumiał!

– Akademicka dyskusja! Zresztą widzowie byli i tak dla mnie zazwyczaj łaskawi, już raczej spotkałem się z bojkotem ze strony tzw. środowiska.

– Mówiłam ci, że niepotrzebnie przyjmujesz te wszystkie śmieciowe role.

– Nie ma śmieciowych ról! Są role dobre albo złe. Ale to nie o moje role chodziło, ale o status materialny. Kiedy marzeniem kolegów był talon na fiata 126p, ja zmieniałem samochody na coraz droższe. Współpraca z DEFA gwarantowała mi niezły status materialny i tego tak zwane środowisko nie mogło mi wybaczyć, kiedy widzieli mnie w czerwonym, odkrytym kabriolecie, niejednemu gula rosła.

– Widocznie czerwony kolor prowokuje nie tylko byki – podsumowałam.

Od dawna wiedziałam, że te wszystkie przejawy koleżeńskości w środowisku filmowym są tylko na pokaz. Kiedy panowie reżyserzy wypowiadali się o sobie w mediach, niemal dzielili się nagrodami, twierdząc, że tak samo zasłużyli na nie ich koledzy, niestety nie da się statuetki przeciąć na pół... A kiedy światła reflektorów gasły...

Bardzo się ucieszyłam, kiedy Leon zatelefonował, że dostał główną rolę u Janusza Majewskiego.

– Mówię ci: seta! Oscarowa! – powiedział. – Długo czekałem, ale się doczekałem.

Obiecałam trzymać kciuki, bo zbliżał się Festiwal Filmów Fabularnych w Gdyni i Leon bardzo liczył na nagrodę. Film „Po sezonie" to historia mocno starszego pana i trzech kobiet w różnym wieku, od bardzo młodej do podstarzałej, która nie chce się do tego przyznać. Mężczyzna na początku wygląda na zmęczonego życiem. Jest cyniczny, zrezygnowany, odzyskuje błysk w oku pod wpływem romansu z czterdziestolatką. Leon i Magdalena Cielecka tworzą na ekranie bardzo ciekawy duet. Reżyser po mistrzowsku nakręcił scenę erotyczną pomiędzy tym dwojgiem. Dla mnie jedną z ciekawszych w kinie; dwa ciała, już właściwie starca i młodej jeszcze kobiety, wspaniale współgrają ze sobą, okazuje się, że wszystko jest jeszcze możliwe...

Udało się Leonowi. Rola była oscarowa, jak chciał. Dlaczego nie? Ale film „Po sezonie" pokazano w Gdyni poza konkursem.

W jednym z wywiadów Leon powiedział:

„Może ktoś się bał, że zgarniemy wszystkie nagrody? I w tym sensie mam wrażenie, że jestem po sezonie. Czuję, że coś mnie ominęło".

Jego słowa doprowadziły mnie do łez, były to łzy wściekłości. Do diabła z tymi Lwami i Orłami, jakimi towarzystwo wzajemnej adoracji nagradza siebie nawzajem. Może i jakiś aktor zagrał lepiej, inaczej, nowocześniej, ale nie oglądał go dekadami cały świat i nie podziwiał jego wielkości i aktorskiego kunsztu. Ale kto twierdzi, że ten świat jest sprawiedliwy, a świat filmowy w szczególności. Nie znalazło się miejsce w konkursie dla wielkiego aktora. Nikt nie wstał i nie powiedział: „Koledzy, zawsze traktowaliśmy Leona Niemczyka po macoszemu, nagrodźmy go dzisiaj, bo na to sobie zasłużył". A przecież „Po sezonie" jest bardzo dobrym filmem z doskonałą rolą mojego przyjaciela!

Janusz Majewski dostał Srebrne Lwy za swój najnowszy film, co przyjęłam ze smutkiem, bo wcale nie był lepszy od tamtego, z piękną rolą Leona Niemczyka.

Nie tak dawno poznałam przemiłą osobę, Beatę Zatońską, jest dziennikarką i okazało się, że to ona przeprowadzała ostatni wywiad z Leonem. Bardzo się przed tym bronił, odmówił jej dwa razy i zgodził się dopiero na prośbę Janusza Majewskiego.

„Po co pani rozmowa ze zgorzkniałym starcem?" – usłyszała.

– I jaka była pani odpowiedź?

– Że bohaterowie filmów nie starzeją się nigdy.

– A co on na to?

– Ale bywają zmęczeni...

Przez te wszystkie lata zdążyliśmy poznać się z Leonem jak dwa łyse konie, miewaliśmy odmienne zdanie, kłóciliśmy się, potem przepraszali, częściej ja, bo on był uparty i obstawał przy swoim. Takim tematem zapalnym było zerwanie z bratem Ludwikiem, moje mediacje kończyły się fiaskiem, nawet wtedy, gdy Leon był już bardzo chory i wiedział, że jego życie dobiega kresu.

– Chciałam ci tylko powiedzieć, że człowieczeństwo polega między innymi na tym, że się umie wybaczać.

– Człowieczeństwo może tak, ale ja jestem diabłem!

– Żarty się ciebie trzymają!

– Wcale! Nazwisko Niemczyk po staropolsku znaczy: diabeł mały. W polskich baśniach, w „Pani Twardowskiej", jest nawet taki fragment, kiedy nagle, jak z pudełka, wyskakuje „kusy niemczyk, czyli diabeł".

– Chcesz rozmawiać o diable, proszę bardzo. Masz Mefistofelesa: „Jam jest częścią tej siły, która wiecznie zła pragnąc, wiecznie dobro czyni!".

– To bardziej pasuje do mojego brata, słyszałem, że jego podopieczni, Indianie, nazywają go dobrym człowiekiem, a nosi to samo nazwisko co ja.

– Właśnie, może już czas, abyście się stali z powrotem braćmi!

Leon pokręcił głową.

– Dzban się rozbił, nie da się posklejać skorup.

– Co on takiego zrobił, że przez pół wieku nie możesz mu tego zapomnieć!

Cisza.

Myślę, że jednak poszło o matkę, Leon nie tyle nie mógł wybaczyć bratu wpadki w przeprawie przez granicę, ile potem przyznania się przed funkcjonariuszami UB do przynależności do Armii Krajowej. Przez to narażał nie tylko siebie, ale i jego, bo byli braćmi, a on utrzymywał przed śledczymi inną wersję. No i rozpacz matki, która w konsekwencji skróciła jej życie. I jeszcze to, że ona całą swoją miłość rodzicielską przelała na jednego syna, którym był Ludwik...

Z Leonem rozumieliśmy się bez słów, można powiedzieć, że łączył nas most telepatyczny, wystarczyło, że spojrzeliśmy sobie głęboko w oczy, aby wiedzieć, co myśli to drugie. I byłam pewna, że na swoją ostatnią drogę wybierze piosenkę z „Bazy ludzi umarłych": „Harmonia cicho na trzy czwarte rżnie, ferajna tańczy, ja nie tańczę...".

w wykonaniu Romana Kłosowskiego. A jednak wybrał „My way" Franka Sinatry. Od dawna uważał się za człowieka Zachodu i bardzo żałował, że po wojnie wrócił do Polski, a potem, że z niej nie wyjechał. Nienawidził komunistycznego establishmentu, ale także tego potransformacyjnego, od przetaczania okrągłego stołu. Polityków z prawa i lewa nazywał nieukami i darmozjadami, którym o nic innego nie chodzi, jak o władzę i przywileje, odmieniając ojczyznę przez wszystkie przypadki, mają ją głęboko w dupie.

– Myślisz, że na tym twoim Zachodzie jest inaczej – mówiłam.

– Ale tam jest więcej przestrzeni i powietrza!

No tak, zawsze chciał zobaczyć Biały Kanion, nie udało się.

Zresztą nawet ludzie, którzy nic nie wiedzieli o jego tęsknotach, mówili o nim jak o człowieku Zachodu, że nosi się po amerykańsku, gra po amerykańsku, czyli inaczej niż wszyscy tutaj.

Taki Jerzy Antczak, który z urodą swojaka wcale a wcale nie przypominał Amerykanina, o ironio losu, w końcu tym Amerykaninem został. W książce „Moje noce i dnie" poświęcił Leonowi dużo miejsca, nazywając go swoim przyjacielem, ale gdyby mógł wejrzeć w jego duszę, nie odnalazłby tam siebie, jak i wielu innych, którzy za przyjaciół Leona się uważali.

„Ja to samotność długodystansowca" – powiedział kiedyś o sobie.

A jednak był królem życia, na jego pogrzeb przyszło sporo ludzi, w tym tłumie przeważały kobiety, w różnym wieku, elegancko ubrane, ukrywające twarze za ciemnymi okularami. Do końca wierne kochanki i wielbicielki. Kiedyś Leon zażartował: „Jeśli przyjdziesz mnie odwiedzić, a mnie nie zastaniesz, będę u znajomej, dwa groby dalej!".

Czoło konduktu zatrzymało się przy grobie, w którym miał spocząć, gdy wybrzmiały ostatnie słowa piosenki Sinatry:

I did it my way.

Zupełnie jakby mój przyjaciel wyreżyserował swój pogrzeb. To do niego podobne!

Ludwik

Z Ludwikiem Niemczykiem po raz pierwszy spotkałam się w Warszawie na bankiecie z okazji jubileuszu Discovery Channel. Umówiłam się tam z Leonem, dowiedział się jednak, że będzie jego brat, i oczywiście nie przyszedł. Poprosiłam, aby przedstawiono mnie Ludwikowi i kiedy spojrzałam w te ukryte w zmarszczkach oczy, pomyślałam, że już jesteśmy przyjaciółmi. Był przeciwieństwem swojego młodszego brata, wydawał się cichy, nieśmiały, potem poczułam jego niezwykłą wewnętrzną siłę.

Po kilku minutach rozmowy powiedziałam mu, że przyjaźnię się z jego bratem, pracuję nad książką o Leonie i byłabym szczęśliwa, gdyby także on zgodził się opowiedzieć mi o sobie.

– Dwaj bracia, dwa tak różne życiorysy... Dla wielu ludzi jest pan bohaterem i na pewno chcieliby dowiedzieć się o panu jak najwięcej...

– Jestem skromnym człowiekiem, niczego wielkiego nie dokonałem. A poza tym jutro wyjeżdżam do Kanady.

– A gdyby pan o sobie napisał? – Nie ustępowałam.

Ludwik się uśmiechnął wyraźnie zakłopotany, zmarszczki rozbiegły się po jego twarzy, przypominał teraz starego Indianina.

– Od tylu lat nie mam styczności ze słowem pisanym, więc wzięcie pióra do ręki to dla mnie prawdziwy wyczyn, ale... jeśli mój brat pani zaufał, nie pozostaje mi nic innego, jak podążyć jego śladem. Jestem już bardzo starym człowiekiem, większość swojego życia spędziłem w Kanadzie, do emerytury pracowałem w szpitalu dla Indian, prześwietlałem im płuca, zapominając o swoich, i dały o sobie znać, nie zostało mi dużo czasu, więc może taki rachunek życia nie jest złym pomysłem.

Mijały miesiące, gdy już zwątpiłam, czy udało mi się go przekonać, nadeszła z Kanady pękata koperta.

Urodziłem się w Warszawie w pierwszą rocznicę bitwy warszawskiej, wraz z rodzicami i rodzeństwem mieszkałem na Mokotowie, w domu, w którym wszyscy lokatorzy znali się i szanowali nawzajem, a zdarzały się nawet przyjaźnie, jak w naszym przypadku. Na tej samej klatce schodowej, drzwi w drzwi, mieszkali doktorostwo, którzy mieli dwóch synów mniej więcej w wieku moim i mojego młodszego brata Leosia, często po szkole graliśmy z nimi na podwórku w piłkę, a kiedy raz zdarzyła się wpadka i wybiliśmy szybę sąsiadowi z parteru, obyło się bez większej awantury. Jeśli coś się przeskrobało, bardzo trudno się przyznać, a tego wymagali od nas rodzice, więc całą czwórką stanęliśmy pod drzwiami sąsiada. Miał groźną minę i, nie powiem, kolana nam się trochę trzęsły, ale pan profesor przyjął przeprosiny, a nawet poczęstował nas cukierkami.

Doktorostwo mieli dwa razy większe mieszkanie od naszego, a było ich tylko czworo, więc Leoś stwierdził, że nie są prawdziwymi przyjaciółmi, inaczej oddaliby nam jeden pokój. Chciał nawet wystąpić do nich z podobną propozycją, ale mama na szczęście to udaremniła.

Ten mój najmłodszy braciszek był marzycielem, miał niesamowitą wyobraźnię, potrafił opowiadać o sprawach, które nigdy się nie wydarzyły w taki sposób, że trudno mu było nie wierzyć. Kiedyś odwiedziła nas kuzynka. Rodziców akurat nie było w domu, więc Leoś zaczął ją zabawiać opowieścią o rodzinnej wyprawie na... Madagaskar.

Na to ona:

– A Niusia – tak nazywano naszą mamę – nic mi nie wspominała?

– Bo dopiero co wróciliśmy – łgał mój brat, roztaczając przed zaskoczoną kuzynką niesamowite wizje. Roiło się w nich od drzew wielkich jak baobaby, rajskich ptaków, tukanów i papug, małp fikających na lianach koziołki.

Po powrocie rodziców kuzynka już od drzwi spytała:

– Co to Leoś opowiada, że byliście na jakiejś egzotycznej wyspie?

Mama zmierzyła winowajcę lodowatym wzrokiem.

– Macie może zdjęcia z tej wyprawy? – ciągnęła krewna.

– A nie, źle zrozumiałaś, Olu, byliśmy tylko w kinie...

– Aha, w kinie!

Dzieliły nas z Leosiem raptem dwa lata, ale mentalnie czułem się o wiele starszy i gdzieś mi się zakodowało, że powinienem się nim opiekować. Mama twierdziła, że ze wszystkich jej synów ja jestem najbardziej rodzinny. Może dlatego, że reszta naszego męskiego rodu była nieobecna duchem, ojciec wiecznie poza domem, najstarszy brat Wacław – muzyk, zresztą wybitnie utalentowany, a co za tym idzie, egocentryk, z kolei Robert zamknięty w sobie, małomówny. No i Leoś bujający w obłokach.

Pierwsze wspomnienie to twarz matki, pochyla się nade mną, czuję dotyk jej włosów na policzku... Nie pamiętam, ile mogłem mieć wtedy miesięcy, lat? To początek niezwykłej więzi łączącej mnie z Matką. I nawet kiedy już odeszła – jest zawsze przy mnie. Była niezwykłą kobietą, pełną uroku i wewnętrznego ciepła. Kiedyś udzieliła mi lekcji, którą zapamiętałem na resztę życia. Całą rodziną byliśmy na wakacjach nad morzem, aby dostać się na plażę, trzeba było przejść przez sosnowy lasek. Ojciec i bracia szli przodem, ja zawsze trzymałem się blisko matki.

W pewnej chwili zauważyłem wędrujące w poprzek leśnej drogi mrówki i bezmyślnie zacząłem je deptać.

– Dlaczego to zrobiłeś? – spytała z wyrzutem. – Mają takie samo prawo do życia jak ty...

Uczyła mnie szacunku do wszystkich istot żywych i starałem się do tego stosować, chociaż nie zawsze okazywało się to możliwe. Nikt wtedy nie mógł przewidzieć, że niebawem wybuchnie jedna z najokrutniejszych wojen w dziejach ludzkości, obaj z Leonem wstąpimy do podziemia. Ja po powstaniu ujawnię się jako żołnierz Armii Krajowej i wraz z kolegami zostanę wywieziony do obozu w Niemczech, a Leoś tuż przed wkroczeniem wojsk radzieckich do Wrocławia, gdzie pracował jako robotnik przy naprawie torów – też nie uniknie wywózki.

Moja przygoda z podziemiem zaczęła się od tego, że któregoś dnia przypadkowo spotkałem na ulicy dawnego kolegę z mokotowskiego liceum. Relegowano go za złe zachowanie, rodzicom udało się jednak wkręcić syna do Liceum im. Księcia Józefa Poniatowskiego na Żoliborzu, gdzie już jesienią trzydziestego dziewiątego roku powstał zalążek późniejszego Związku Walki Zbrojnej. Oczywiście zabijaka Zbyszek natychmiast do niego wstąpił i kiedy w styczniu czterdziestego drugiego utworzono szkołę podchorążych rezerwy, ukończył pierwszy kurs i został podporucznikiem czasu wojny. Namówił mnie, abym też się przyłączył, a że był już nieźle umocowany w podziemnych strukturach, jego rekomendacja wystarczyła, abym został przyjęty. Potem ja poręczałem za Leona, ale kiedy skończył kurs i spytano mnie, czy sprawdzi się w akcjach zbrojnych, wyraziłem swoje wątpliwości. Nigdy się nie dowiedział, dlaczego nie dostał pistoletu do ręki i przemierzał pod ziemią kilometry obładowany bronią, którą walczyć mieli inni... Ale nie mam wyrzutów sumienia, kanały to było wtedy jedno z bezpieczniejszych miejsc w Warszawie.

Pierwszego sierpnia o godzinie siedemnastej stawiłem się na zbiórkę przy ulicy Narbutta, róg Kazimierzowskiej, rozpoczęliśmy natarcie na trzypiętrowy budynek Szkoły Rękodzielnictwa, mimo że gmach był obsadzony przez Niemców uzbrojonych po zęby, udało nam się go odbić. Potem był udany atak na szkołę powszechną na ulicy Różanej, wzięliśmy nawet kilku jeńców.

To było trudne doświadczenie, widzieć z bliska twarze przeciwników na śmierć i życie. Z daleka wyglądali jak bogowie wojny, w hełmach, z bronią maszynową, a teraz to byli nasi rówieśnicy, przestraszeni, błagający o życie. Jeden z nich cały się trząsł, łzy spływały mu po policzkach. Nasz dowódca kazał jeńców odprowadzić do piwnicy i wydelegował jednego z kolegów, aby ich pilnował. Ale karta dość szybko się odwróciła, myślę że grzechem głównym dowództwa AK był brak koordynacji pomiędzy kompaniami, my na przykład byliśmy nieźle uzbrojeni i mogliśmy wspierać kolegów, którzy nie mieli tyle szczęścia, a rzucano nas na odcinki praktycznie nie do zdobycia. W konsekwencji moja kompania wykrwawiała się, broniąc ulic, które w sensie strategicznym nic nam nie dawały.

Zmasowany atak niemiecki na Mokotów trwał trzy dni i było po wszystkim, ale chyba naszym głównodowodzącym nie o takie trzy dni chodziło!

Kiedy pod koniec lipca czterdziestego czwartego roku decyzja o wybuchu Powstania wydawała się nieuchronna, należałem do nielicznych, którzy nie wykazywali hurraentuzjazmu. Mój oddział zajmował się transportem i składem broni. Wiedzieliśmy dokładnie, ile skrytek zostało zdekonspirowanych i jak wielkie ponieśliśmy straty, poza tym miasto Warszawa zostało wyłączone z akcji Burza, więc jeszcze siódmego lipca, tuż przed wybuchem Powstania, wydaliśmy kolegom z placówek krajowych, pozastołecznych, dziewięćset pistoletów maszynowych z amunicją!

Mieliśmy głównie do dyspozycji broń ręczną, granaty przeciwpancerne i granatniki były w rzadkości, pozostawały więc butelki zapalające, te słynne koktajle Mołotowa.

Jako „rachmistrz" mogę podać w liczbach, z czym szliśmy do Powstania:

Trzy tysiące osiemset czterdzieści sześć pistoletów, dwa tysiące sześćset dwadzieścia dziewięć karabinów, sześćset pięćdziesiąt siedem pistoletów maszynowych, sto czterdzieści pięć ręcznych karabinów maszynowych, czterdzieści siedem ciężkich karabinów maszynowych, dwadzieścia dziewięć karabinów przeciwpancernych i granatników PIAT, szesnaście moździerzy i granatników, dwa działka przeciwpancerne, trzydzieści miotaczy ognia, czterdzieści trzy tysiące dziewięćset siedemdziesiąt jeden granatów ręcznych i czterysta szesnaście granatów przeciwpancernych, około dwunastu tysięcy butelek zapalających i tysiąc dwieście sześćdziesiąt sześć materiałów wybuchowych.

Amunicji miało więc wystarczyć na dwa, góra trzy dni.

Muszę dodać, że nie wszystką broń i amunicję udało się przekazać oddziałom, więc w dniu wybuchu Powstania uzbrojonych powstańców było tysiąc pięćset do trzech tysięcy, a zmobilizowanych około trzydziestu sześciu tysięcy, więc na dwudziestu pięciu ludzi tylko jeden był uzbrojony! Pułkownik Chruściel wydał rozkaz, żeby tych żołnierzy, dla których zabrakło broni, uzbrajać w siekiery, łomy i kilofy!

Oto cała prawda o Powstaniu.

Trzeciego października czterdziestego czwartego roku w fabryce w Ożarowie Niemcy utworzyli dla powstańców, którzy się ujawnili, obóz przejściowy. Warunki były okropne, w fabrycznej hali, wprost na betonie śmierdzące sienniki, wychodziło się pod strażą za budynek, bo brakowało latryn. Brakowało też jedzenia, a nawet wody do picia, gdyby nie ofiarna pomoc mieszkańców Ożarowa, wielu z nas by nie przetrwało, ranni mieli prowizoryczne opatrunki, które zamieniły się w brudne szmaty. Dzielne ożarowskie kobiety pierwsze ruszyły nam na pomoc, znalazły sposób, aby oszukać strażników, przemycić żywność i bandaże. Wśród nas byli chłopcy, piętnasto-, a nawet dwunastoletni, i nad nimi litowały się najbardziej. Zaobserwowałem taką scenę, chłopiec z obandażowaną głową leżał na sienniku, zbyt słaby, aby się podnieść, jedna z kobiet przysiadła obok, karmiła go łyżeczką, a kiedy chciała odejść, przytrzymał ją za rękę, wzięła więc go w ramiona i kołysała, jak się kołysze małe dziecko do snu.

Potem włączył się Polski Czerwony Krzyż, jednak kobiety ożarowskie były pierwsze, gdybym mógł, każdą z nich odznaczyłbym medalem za odwagę.

Przebywaliśmy tam krótko, do szóstego października, kiedy to zaczęto nas ładować do wagonów towarowych, upychając kolanem, jak bydlęta, wielu z nas nie dożyło końca podróży. Po wyjściu z wagonów kazano nam ustawić się w szeregu, trupy zrzucano wprost na peron. Rozpoznałem wśród nich mojego kolegę i chciałem nakryć go kurtką, ale mi to udaremniono. Ten odruch mógł mnie kosztować życie.

Obóz w Murnau otoczony kolczastym drutem składał się z kilku baraków, placu apelowego i budki strażniczej przy bramie. Na wieżyczkach stali wartownicy z bronią maszynową gotową do strzału na wypadek, gdyby któremuś z jeńców zachciało się ucieczki. Bez obawy, byliśmy tak wycieńczeni „podróżą" w nieludzkich warunkach, że nikomu z nas nie przyszłoby to do głowy. Zostaliśmy rozlokowani według szarż, starsi stopniem w jednym baraku, młodsi, ja między innymi, w drugim.

W obozie poznałem rotmistrza Pileckiego, człowieka legendę, uważałem za wielki zaszczyt, kiedy w rozmowie zwrócił się do mnie „panie kolego". Od niego dowiedziałem się, jak Niemcy potraktowali ludność cywilną na Starym Mieście, kiedy już ewakuowali się powstańcy. Zamordowano tam dwadzieścia pięć tysięcy cywilów, a być może nawet dużo więcej, żołnierze niemieccy chodzili od piwnicy do piwnicy i dobijali rannych, a gdy odeszli, nie było już Starówki, tylko kupa gruzu. Niepokoiłem się o Leona, systematycznie kursował pomiędzy Śródmieściem a Starym Miastem, miałem jednak nadzieję, że jeśli tam wtedy był, zdążył się ewakuować. Bałem się też o moją narzeczoną, Bognę. Ostatni raz widziałem ją na noszach. Była cała w bandażach, bo poranił ją granat, mimo to uśmiechnęła się do mnie: „Będzie dobrze" – usłyszałem.

Po powrocie do Polski próbowałem ją odnaleźć, nie bardzo mogłem się afiszować, a jej rodzina mieszkała na żoliborskim osiedlu i wszyscy sąsiedzi znali się z widzenia, więc moja obecność od razu zostałaby dostrzeżona. Okrężną drogą dotarło do mnie, że oni nie wiedzą nawet tego, czy Bogna przeżyła. Jako niepoprawny optymista nie brałem pod uwagę, że nie ma jej wśród żywych.

W obozie bliższą znajomość zawarłem z bardzo dziwnym człowiekiem. Był w wieku mojego młodszego brata i, jak on, brał udział w Powstaniu, z tego powodu się tu zresztą znalazł. Mieliśmy prycze obok siebie, więc godzinami musiałem wysłuchiwać jego monologów, czy Powstanie mogło się udać.

– Nie mogło – odrzekłem w końcu – bo zamiast czołgów mieliśmy siekiery i kilofy.

I wtedy on się rozpłakał, łzy strumieniem spływały mu po policzkach. Nie wiedziałem, jak się zachować, więc bąknąłem:

– To wszystko już było.

Spojrzał na mnie, otarł łzy i, jakby nigdy nic, przedstawił się:

– Adam Pawlikowski.

Ja zrobiłem to samo.

Po wyzwoleniu Murnau obaj znaleźliśmy się we Włoszech w obozie wojskowym w Barletcie, przez pewien czas Adam tam przebywał, ale potem odnalazł jakiegoś krewnego i opuścił obóz, powiedział mi, że ma zamiar zostać we Włoszech i studiować medycynę. Nasze drogi się rozeszły, po latach dowiedziałem się, że ten wielce utalentowany człowiek wrócił do Polski, stał się wirtuozem... okaryny, kim on zresztą nie był: krytykiem muzycznym, dziennikarzem... grywał w filmach, nawet u samego Andrzeja Wajdy! Ktoś z Polski przywiózł mi do Kanady kasetę z filmem „Popiół i diament" ze słynną sceną, kiedy dwóch ocalałych z Powstania przyjaciół zapala alkohol w kieliszkach, jak znicze za poległych kolegów, jednym z nich był właśnie Adam Pawlikowski. Długo nie mogłem zapomnieć tej sceny, tym bardziej że osoba, która przywiozła mi kasetę, opowiedziała o dalszych jego losach. Były akowiec brylował teraz na salonach, nazywano go „Dudusiem" i poklepywano po plecach, do czasu, aż wystąpił jako świadek na procesie pisarza oskarżonego o jakieś absurdalne przestępstwo wobec ówczesnej władzy, chodziło o tekst satyryczny, gdzie m.in. porównano Gomułkę do gnoma... Nawet obrońca pisarza stwierdził, że gołym okiem widać, iż zeznania świadka są wymuszone, a do sądu jest doprowadzany ze szpitala psychiatrycznego, w którym próbował się ukryć.

Karta się odwróciła, Pawlikowski nie był zdolny podjąć jakiejkolwiek pracy, żył na granicy ubóstwa, znajomi z litości zapraszali go na obiady, a jego stan psychiczny ciągle się pogarszał. Czarny piar zadziałał, posądzano go o współpracę ze służbami bezpieczeństwa, co, jak się później okazało, nie miało miejsca. Biedak cierpiał na cyklofrenię i to mogła być główna przyczyna jego samobójczej śmierci, jak i dziwnego zachowania wtedy w oflagu. Lubiłem go. Było mi bardzo żal tego wszechstronnie utalentowanego człowieka, któremu czasy, w jakich przyszło żyć, i choroba nie pozwoliły rozwinąć skrzydeł.

Dziewiątego kwietnia czterdziestego piątego roku podczas apelu nadleciał samolot z biało-czerwoną szachownicą, zatoczył koło nad placem, pokiwał skrzydłami i odleciał. Dosłownie wbiło nas w ziemię, pamiętam, wciąż zadawaliśmy sobie pytania, czy nam to się nie śniło... Pawlikowski stwierdził: „To nie samolot, to zwiastun wolności!".

I niedługo potem na drodze pojawiły się amerykańskie czołgi; w tym samym czasie od strony miasta nadjechała czarna limuzyna, a za nią ciężarówka z esesmanami. Na widok czołgów z białymi gwiazdami konwój się zatrzymał i po chwili odezwał się karabin maszynowy, ale wystarczył jeden odłamkowy Shermana, aby go uciszyć. Esesmani na ciężarówce zostali rozniesieni w proch.

Dowiedziałem się potem, że w limuzynie siedział generał SS. Znaleziono przy nim list podpisany przez Himmlera, nakazujący likwidację wszystkich polskich oficerów w tym obozie. Dlatego apel się przedłużał, miano nas tam wystrzelać jak kaczki.

Jankesi najpierw załatwili Niemców, a potem jeden z czołgów rozwalił bramę i wjechał na plac apelowy.

Najstarszy stopniem polski oficer powitał Amerykanów w języku angielskim i wtedy wydarzyło się coś, czego nie zapomnę. Dowódca czołgu skinął generałowi głową, a potem z szerokim uśmiechem odpowiedział: „Szewczyk jestem, przyślim was wyzwolić!".

Sporą grupą dotarliśmy do Włoch, gdzie umieszczono nas we wspomnianym obozie w Barletcie, a ja z miejsca włączyłem się do konspiracji. Wyjechałem do Ankony i tam przydzielono mnie do sekcji kurierskiej, przeszedłem krótkie przeszkolenie, a kiedy stwierdzono, że mam odpowiednią wiedzę i spełniam warunki fizyczne, otrzymałem pierwsze zadanie. Zasada była taka, kurier przenosi pocztę, a potem „leżakuje", aby nie został zapamiętany. Trasa do Polski wiodła przez Niemcy, potem Czechosłowację do przejścia granicznego w Cieszynie. To była cała sztafeta ludzi, w umówionych miejscach czekali na mnie przewodnicy, podając mnie sobie z rąk do rąk. Gdzieś obok trwały jeszcze zacięte walki, trzeba było uważać, aby nie znaleźć się na linii ognia.

Przypadek zrządził, że oprócz poczty kurierskiej zacząłem przeprowadzać przez granicę ludzi. Zaczęło się od tego, że kapitan, którego znałem z widzenia, wziął mnie na poufną rozmowę. Wiedziałem o nim tyle, że był bardzo odważnym człowiekiem, walczył pod Monte Cassino i odniósł ciężkie rany, życie zawdzięczał adiutantowi, który go z tej piekielnej góry wyniósł na własnych plecach.

– Słuchaj, Ludwik, jest taka sprawa. W Polsce mam rodzinę, żonę i córkę, jeszcze jej nie widziałem, bo żona była z nią w ciąży, kiedy zacząłem wojaczkę. Mieszkają same pod miastem, żona otrzymuje pogróżki. Możesz je tu sprowadzić?

Ta prośba wydawała mi się tak niedorzeczna, że nic nie odparłem, ale on wyjął z portfela zdjęcie żony z jej własnoręczną dedykacją na odwrocie i powiedział:

– Jakbyś się zdecydował, ta fotografia będzie dla niej dowodem, że mówisz prawdę.

Mówisz prawdę... dobrze mu mówić. Poznałem na własnej skórze, czym są takie wędrówki przez kilka granic, a jeszcze z małym dzieckiem! Czyste szaleństwo. Ale co jakiś czas wyciągałem zdjęcie tej kobiety, miała taką ładną, miłą twarz... wyobrażałem sobie, co tam przeżywa sama, tylko z córeczką. I kiedy znowu znalazłem się w Polsce, ku swojemu zaskoczeniu zboczyłem z wytyczonej trasy. To była mała miejscowość pod Krakowem, kapitan wyrysował mi mapę tak dokładnie, że aby trafić do niewielkiego gospodarstwa pod lasem, nie musiałem nikogo o nic pytać. Dobrze się złożyło, bo rozpytywanie o żonę kapitana przez obcego mężczyznę od razu wzbudziłoby podejrzenia. Tym bardziej że moje ubranie mówiło samo za siebie, kurtka wojskowego kroju, nadto buty, plecak. Wysiadłem z pociągu na małej stacji i większą część drogi przebyłem, omijając ludzkie osiedla. Odnalazłem domek z czerwonym dachem, ale ukryłem się w zaroślach, postanawiając doczekać zmroku. Na podwórku bawiła się dziewczynka z warkoczykami, w pewnej chwili wypuściła króliki z klatki, a jej mama wychyliła się z okna i dała jej reprymendę. Kiedy ją zobaczyłem, nie miałem wątpliwości, że jest żoną kapitana, wyglądała dokładnie tak jak na fotografii. Zorientowałem się też, że naprawdę mieszkają tu same, więc kiedy się ściemniło, mogłem już wyjść z ukrycia. Żeby ich nie przestraszyć, położyłem kopertę ze zdjęciem na schodkach, zapukałem i uskoczyłem za róg domu. Kobieta wysunęła głowę, ale zaraz się cofnęła, więc zapukałem raz jeszcze, teraz dostrzegła kopertę, wyjęła zdjęcie i... usiadła na schodkach.

– A list? Jest list? – to były jej pierwsze słowa.

Weszliśmy do środka, żona kapitana usmażyła jajecznicę na boczku, o czymś ciepłym do tej pory mogłem tylko marzyć. Patrzyła na mnie, kiedy tak spiesznie pałaszowałem kolację, i zrobiło mi się głupio, widelec zawisł w powietrzu.

– Proszę jeść – uśmiechnęła się. – Miło mi, że moja jajecznica panu smakuje.

– Jeszcze jak! Jestem Marian – podałem jej moje konspiracyjne imię.

– Alina.

Wyjęła z szafki ćwiartkę wódki z niebieską kartką, stuknęliśmy się kieliszkami.

– Za pomyślność przyszłych planów! – powiedziała.

– Więc decyduje się pani?

Skinęła w milczeniu głową.

– Ale pani wie, jakie to ryzyko?

– Już się zdecydowałam – odrzekła, patrząc mi prosto w oczy.

– Nie boi się pani o córkę?

– Bardzo się boję, ale tutaj niebezpieczeństwo czyha za drzwiami, gdyby mi się coś stało, Kasia zostałaby sama, nie mamy nikogo...

Ustaliliśmy, że wezmą ze sobą tylko rzeczy osobiste; wyruszamy natychmiast, kiedy tylko znów się tu pojawię. Nad ranem opuściłem gościnny dom, Kasia mnie nie widziała, więc nie istniało niebezpieczeństwo, że się przed kimś wygada.

Idąc lasem w stronę dworca, rozmyślałem, jak to wszystko zorganizować. Będę miał przy sobie pocztę, więc w razie wpadki mogliby oskarżyć o szpiegostwo także tę kobietę, ale inaczej się przecież nie da. Widocznie kapitan to skalkulował. Miałem też poważny dylemat, czy zameldować przełożonemu o uciekinierkach. A jeśli nie wyrazi zgody? Trzeba było zacząć od rozmowy z pułkownikiem... ale to kapitanowa musiała się najpierw zdecydować. Czasu było niewiele, za kilka dni miałem ruszyć z powrotem do Ankony. Więc może nic nie mówić... uda się, świetnie, nie uda się, nie będzie mnie wśród żywych... Tylko... byłem żołnierzem, składałem przysięgę... Trudno, niech przełożeni decydują. Nie będzie zgody, odwiedzę panią Alinę z kwiatami, przeproszę. Głupiec ze mnie, co jej po moich przeprosinach...

Umówiłem się z pułkownikiem w mordowni na Pradze. Pośród podejrzanych typów załatwiających swoje ciemne interesy i zwykłych pijaczków najłatwiej się ukryć. Usiedliśmy w rogu sali tak, aby mieć na oku wejście, za plecami były drzwi na zaplecze, w razie czego pozostawała właśnie ta droga ewakuacji. Raz już tak było, kiedy pojawili się tajniacy, koledzy wycofali się właśnie przez zaplecze.

Pułkownik zamówił wódkę dla nas obu i śledzia na zakąskę. Od razu wychyliłem setkę, zwrócił mi uwagę, żebym nie pił na pusty żołądek, bo za bardzo pójdzie mi w głowę.

– A będzie ci jeszcze potrzebna. – Uśmiechnął się.

Przekazałem mu pocztę, opowiedziałem, co słychać w 2. Korpusie, spytał, jak nastroje.

– Nie najlepsze, panie pułkowniku.

Pokiwał ze zrozumieniem głową. Czułem, że zaraz zarządzi odwrót, a miałem przecież do niego sprawę. Po mojej minie domyślił się, że trzymam coś jeszcze w zanadrzu.

– To wszystko?

– Nie, panie pułkowniku...

– Wal śmiało. Chcesz odpocząć parę dni, nie ma przeszkód.

Zacząłem od opowieści o mężu pani Aliny, że bohater spod Monte Cassino, wielokrotnie ranny, odznaczony...

– Wielu znam takich – dowódca przerwał mi. – Wyłuszczaj sprawę.

– Ale... to jest ta sprawa – odrzekłem.

Spojrzał na mnie zdumiony.

– Kapitan, jak rozumiem, przebywa nadal w Ankonie? Więc co nam do tego?

– Ale jego żona i córeczka są tutaj, on nawet swojego dziecka nie widział, bo urodziło się, gdy poszedł na wojnę...

– No i?

– Poprosił, aby przerzucić je do Ankony.

Pułkownik zmarszczył brwi, co dobrze nie wróżyło.

– W jaki sposób?

– No... szlakiem kurierskim – odpowiedziałem niepewnie.

W nim aż się zagotowało, mówił, cedząc słowa:

– Szlak kurierski jest przeznaczony dla kurierów, a nie dla żon i małych dzieci... otacza nas wrogi ocean, jeden nieuważny krok i pójdziemy wszyscy na dno. O to ci chodzi?

– Nie, panie pułkowniku, ale gdyby pan zobaczył te dwie bezbronne istoty... ten ocean je też otacza...

Zapadła cisza.

– Wiele jest takich kobiet, które czekają na powrót swoich mężów i ojców. Nie sprowadzimy ich tutaj, bo nasze szanse na wygraną są nikłe.

– Ale jednak się nie poddajemy...

– To już raczej sprawa honoru.

Zebrałem się na odwagę.

– Dla mnie to też sprawa honoru, panie pułkowniku, obiecałem tej kobiecie, że zabiorę ją razem z córką!

– Pięknie – mówił lodowatym tonem. – Powinienem cię natychmiast aresztować za ujawnienie osobie postronnej szczegółów misji! Ale sam nie będę decydował, wyjścia są dwa, albo uciszyć świadka, albo przystać na twój pomysł.

Krew odpłynęła mi z głowy.

– Jak to, uciszyć świadka?

– Prowadzimy wojnę, nie zauważyłeś? Ty jesteś w tej wojnie ważnym trybikiem, nie możemy z ciebie zrezygnować, ale możemy zrezygnować z tej pani. Stała się niebezpieczna, jeśli UB ją przyciśnie, wszystko wyśpiewa.

– Nic nie wie, tylko to, że chcę ją zabrać z dzieckiem, na prośbę męża...

– Jedź teraz na kwaterę, masz tam przebywać, dopóki nie zapadnie decyzja w twojej sprawie.

Ten tydzień, kiedy przesiedziałem uwięziony w czterech ścianach, był najgorszą katorgą. Starałem się nie dopuszczać do siebie myśli, że moi przełożeni mogliby zlecić likwidację niewinnej osoby, żony człowieka tak bardzo zasłużonego dla ojczyzny. A co by się stało z małą Kasią? Różne pomysły chodziły mi po głowie, bez problemu mogłem się stąd wydostać, dotrzeć do domku pod lasem i zabrać rodzinę kapitana ze sobą. Ale wtedy stalibyśmy się zwierzyną łowną nie tylko dla bezpieki, ale i dla swoich. To mnie najbardziej bolało. Nawet jakby się udało przekroczyć polską granicę, kurierzy by nas namierzyli na terenie Czechosłowacji albo i Niemiec.

Przynoszono mi tam jedzenie, ale i tak nie mogłem nic przełknąć. Gdy po tygodniu zameldował się u mnie posłaniec od pułkownika, wyglądałem, jakbym co najmniej pół roku spędził w łagrze. Chudy, sczerniały, zarośnięty, z szaleństwem w oczach, tak siebie zobaczyłem w lustrze. Łącznik kazał mi się doprowadzić do porządku, a przede wszystkim ogolić. Patrzył na mnie z obrzydzeniem, pewnie myślał, że jestem zdrajcą, konfidentem Urzędu Bezpieczeństwa. Najpierw jechaliśmy tramwajem, następnie kolejką podmiejską, a potem szliśmy piechotą ponad kilometr. W milczeniu. Miejscem docelowym był przedwojenny bliźniak otoczony wysokim płotem. Łącznik pozostał na zewnątrz, a ja wszedłem do środka. W salonie oprócz pułkownika było jeszcze dwóch nieznanych mi mężczyzn.

– Panie chorąży... – zaczął pułkownik, mówił i mówił, o braku subordynacji, o moim nieodpowiedzialnym postępowaniu, ale dotarło do mnie tylko to jedno, że mogę zabrać panią Alinę i jej córeczkę ze sobą.

Wysiadłem z pociągu na znajomej stacyjce i ruszyłem na przełaj przez las w stronę domku z czerwonym dachem, byłem bardzo osłabiony, więc kiedy wszedłem na podwórze, słaniałem się na nogach. Pani Alina patrzyła na mnie z przerażeniem:

– Co się z panem działo, panie Marianie – jak już mówiłem, znała tylko moje konspiracyjne imię – był pan chory?

– Jakaś niestrawność – bąknąłem.

– Może ugotuję panu kleik?

– Nie, nie, proszę o jajecznicę na boczku, taką jak wtedy!

Wyglądała na zdziwioną, ale usmażyła mi tę jajecznicę.

W pewnej chwili do kuchni weszła jej córeczka, Kasia, i na mój widok zatrzymała się wyraźnie speszona.

– Mamusiu, kto to jest ten pan?

– Wujek Marian.

– To ja mam wujka?

– Masz wujka i ciocię, do której wujek Marian nas zabierze.

– A gdzie ta ciocia mieszka? – prowadziła dochodzenie mała.

– Mieszka... daleko – wyjaśniła pani Alina, widać nic innego nie przyszło jej do głowy.

– I my do tego daleko pojedziemy?

Matka skinęła głową.

Po kolacji Kasia poszła spać, a ja pomagałem jej mamie przygotować się do drogi. Zachowywała się jak typowa kobieta, było jej żal rozstawać się z ulubionymi sukienkami. Wyjmowała je z szafy, a ja odwieszałem z powrotem.

– Tylko jedna!

W końcu zapakowała tę, w której poznała kapitana. To było na balu z okazji święta zwycięstwa, piętnastego sierpnia trzydziestego siódmego roku. Bal odbywał się w warszawskich Łazienkach. Mąż pani Aliny, tak jak jej ojciec, był zawodowym wojskowym, więc po ślubie dostali mieszkanie w blokach garnizonowych na ulicy Szwoleżerów. Była w dziewiątym miesiącu ciąży, kiedy szedł na wojnę, i z jedną walizką uciekała z bombardowanej Warszawy. Kasia urodziła się w drodze, u przygodnych ludzi, którzy okazali im dużo serca. Potem pani Alina z maleńkim dzieckiem dotarła tutaj, gdzie mieszkała jej daleka krewna. Umarła pod koniec czterdziestego roku i zostały z Kasią same.

Spakowaliśmy rzeczy, ale należało coś zrobić z inwentarzem, oprócz królików były jeszcze kury.

– Chyba wypuszczę to towarzystwo – powiedziała niepewnie pani Alina.

– To może zwrócić czyjąś uwagę!

– Nie potrafię skazać ich na śmierć głodową. – Miała oczy pełne łez.

Było ciemno i mimo że otworzyliśmy kurnik, kury pozostały na grzędach, a wypuszczone na wolność króliki nie mogły w to początkowo uwierzyć, wkrótce jednak pokicały w stronę lasu.

– Lisy będą miały używanie...

– Niekoniecznie – pocieszyłem ją – może ktoś je do siebie weźmie.

– Chciałabym tak myśleć!

Potem usiedliśmy przy stole, aby omówić szczegóły naszej wyprawy. Obserwując bawiącą się na podwórku Kasię, mogłem stwierdzić, że była żywym dzieckiem, buzia jej się nie zamykała, cały czas coś opowiadała lalkom. Gdyby na terenie Czechosłowacji, w pociągu lub autobusie odezwała się po polsku, mogłoby się to dla nas okazać zgubne. Myślałem o tym już za pierwszym razem w drodze do Warszawy i u znajomego farmaceuty nabyłem proszki nasenne, poprosiłem też, aby dokładnie określił, jakie dawki można podać sześcioletniemu dziecku. Wzbudziło to jego podejrzliwość.

– Chcesz szprycować dziecko prochami?

– Ratuję mu w ten sposób życie.

Od razu zrozumiał i nie zadawał już pytań. Tylko... jak teraz powiedzieć o tym matce, spodziewałem się, że napotkam na opór z jej strony. I tak oczywiście było.

– Nie zgadzam się – odrzekła zdecydowanie.

– To jedyny sposób, aby względnie bezpiecznie przejechać Czechosłowację – tłumaczyłem.

– Zapanuję nad nią, w najgorszym razie zasłonię jej buzię.

Kręciłem głową.

– Musi być jakiś inny sposób – mówiła zrozpaczona – niż trucie dziecka. Przecież ona może się nie obudzić.

Nabrałem powietrza w płuca.

– Nie ma innego sposobu, a dawka jest bezpieczna, Kasia będzie sobie spała.

Pani Alina nie była jednak przekonana.

– No nie wiem, nie wiem – powtarzała w kółko.

– Musi pani podjąć decyzję, na tak albo na nie. W tym drugim przypadku wyruszam sam.

To podziałało. Trzeba już było budzić Kasię, rozespana marudziła, nie chciała iść, więc matka wzięła ją na ręce. Ja niosłem bagaże, ale po kilku kilometrach pani Alina zaczęła zostawać w tyle, więc odebrałem od niej małą. Gdy dotarliśmy do opuszczonej szopy, pierwszego miejsca postoju, oboje padaliśmy z nóg i od razu zmorzył nas sen. Kiedy się ocknąłem, słońce stało już wysoko na niebie. Obudziłem panią Alinę.

– Trochę zaspaliśmy, spóźnimy się na spotkanie z przewodnikiem, pewnie się już niecierpliwi.

Kasia rozejrzała się dookoła i wydymając wargi, powiedziała:

– To tutaj mieszka ta ciocia?

Wzbudziło to naszą wesołość, ale mnie nie było do śmiechu, kiedy uciekł nam pociąg. Już wiedziałem, że tego dnia nie uda się przeprawa. Było to możliwe tylko, gdy odbywała się zmiana straży po jednej i po drugiej stronie mostu, wtedy było łatwiej przemknąć przez zieloną granicę.

Zdecydowałem, że pojedziemy do Cieszyna i po polskiej stronie spędzimy ten dzień, a potem poszukamy noclegu, oczywiście w grę wchodziła tylko prywatna kwatera. Nie było sensu próbować przejścia w czasie nocnej zmiany, bo trudniej byłoby potem się zamelinować z dzieckiem po czeskiej stronie. Kasia ożywiła się już w pociągu. Było dość wcześnie, więc dwie podróżne w przedziale chętnie by sobie podrzemały, ale ona cały czas coś mówiła, zwracając się początkowo do nas, potem opowiedziała tym paniom, że jedzie do cioci. Jedna z nich przez uprzejmość spytała, gdzie ta ciocia mieszka.

– Daleko, jeszcze jej nie widziałam – odpowiedziała.

Kiedy znaleźliśmy się w Cieszynie, mieście pełnym zabytków, poprzez które mówią wieki... chciałem moim paniom pokazać co ciekawsze budowle, zwiedziliśmy wzgórze zamkowe, Wieżę Piastowską, ale pani Alina była tak spięta, że chyba nie słuchała tego, co do niej mówię, a Kasia wręcz dostała oczopląsu. Przedtem znała tylko domek pod lasem i miasteczko, w którym były dwie ulice na krzyż, a tutaj panował ruch, chodnikami płynął ludzki tłum, dużo wystaw sklepowych, najchętniej córeczka kapitanowej zwiedzałaby tylko sklepy. Obiad zjedliśmy w barze mlecznym Pod Koziołkiem Matołkiem, wymalowanym na szyldzie, więc Kasia była zachwycona. Mijały godziny, a my nie bardzo mieliśmy się gdzie podziać, usiedliśmy więc na ławce w przykościelnym parku. Dziewczynka położyła głowę na kolanach mamy i zasnęła. Siedzieliśmy tak już dość długo, musiało to zwrócić uwagę księdza proboszcza, bo do nas wyszedł. Kiedy dowiedział się, że jesteśmy przejazdem i szukamy noclegu, zaprosił nas na plebanię i zarządził, by gospodyni przygotowała pokój na górce dla „małżeństwa z dzieckiem". Popatrzyliśmy po sobie z panią Aliną, na szczęście Kasia nie zrozumiała sensu tych słów. Mielibyśmy się z pyszna, gdyby oświadczyła księdzu, że nie jestem jej tatą, ale... wujkiem. Ciekawe, czy proboszcz wyrzuciłby nas za drzwi. W niewielkim pokoiku stało podwójne łóżko i solidnych rozmiarów drewniana kołyska, w której gospodyni księdza posłała Kasi. Niebieska pościel w srebrne księżyce, które słodko uśmiechały się i mrużyły zaspane oczka, zachwyciła dziewczynkę i z miejsca oświadczyła, że jej też już chce się spać. Korzyść z tego była taka, że zaraz po kolacji bez szemrania poszła na górę. Ksiądz proboszcz natomiast wyjął z kredensu nalewkę na spirytusie i rozlał do kieliszków. Chyba czuł się tutaj bardzo samotny, a że był, jak się okazało, urodzonym gawędziarzem, zaczął nam opowiadać ze swadą historię świątyni. Początkowo kościół Świętej Trójcy był ewangelicki i cały drewniany, w XVI wieku przebudowano go dzięki fundacji księżnej Sydonii, w XVII odebrano go ewangelikom i przekazano katolikom, a w XVIII doczekał się murowanej wieży. Wokół świątyni był cmentarz, gdzie chowano ludzi, którzy zmarli na cholerę w czasach wielkiej zarazy, potem został zamieniony na park. Popatrzyliśmy po sobie z panią Aliną, wyglądało na to, że beztrosko odpoczywaliśmy na kościach umarłych.

Dobrą stroną gadatliwości księdza było to, że nie zadawał nam pytań, które mogły być kłopotliwe. Cały czas zastanawiałem się, jak mu powiedzieć, że powinniśmy nad ranem opuścić gościnne progi plebanii. Żadne rozsądne wytłumaczenie nie przychodziło mi do głowy. Pani Alina domyśliła się tego i wybawiła mnie z kłopotu.

– Proszę księdza, niestety musimy bardzo wcześnie jutro wyjść, bo znajomy akurat ma kurs w nasze strony i obiecał nas podwieźć.

– Ja mam o szóstej pierwszą mszę, też wcześnie wstaję – odparł proboszcz.

– Ale to będzie czwarta nad ranem... – wtrąciłem.

– Powiem gosposi, żeby zrobiła wam kawę i kanapki.

– Bardzo, bardzo dziękujemy, ale śniadanie zjemy już w domu – odpowiedziała moja towarzyszka.

Ale gdzie jest ten dom – pomyślałem.

Na górze przeniosłem Kasię na łóżko, sam wyjąłem materac z kołyski i próbowałem się na nim ułożyć.

– Nie wyśpi się pan – zmartwiła się jej mama.

– Bywało gorzej.

Myślałem, że zasnęła, ale odezwała się z ciemności:

– Właśnie uświadomiłam sobie, że to ostatnia moja noc w ojczyźnie...

Kiedy opuściliśmy plebanię, było jeszcze ciemno, niosłem śpiącą Kasię na rękach. W umówionym miejscu czekał na nas przewodnik, który przeprowadzał ludzi przez zieloną granicę i miał w tym „fachu" spore doświadczenie. Załadował nas do rozklekotanej półciężarówki, w której zwykle przewożono konie, i kilkanaście kilometrów od Cieszyna przerzucił na drugą stronę. Tam czekał na nas umówiony człowiek, zaprowadził nas na kwaterę, gdzie dotrwaliśmy do rana.

– Już po wszystkim, udało się. – Uśmiechnąłem się do pani Aliny, która była bardzo zdenerwowana.

– Na razie – odrzekła.

Mieliśmy przeprawę z Kasią, bo nie chciała połknąć tabletki, ale w końcu uległa, więc w czasie podróży przez Czechosłowację cały czas spała. Noc spędziliśmy jeszcze po czeskiej stronie granicy, gdyż sprawy się nieco skomplikowały. W umówionym miejscu nie stawił się kurier, który miał nas przeprowadzić przez granicę czesko-niemiecką, a ja sam w towarzystwie kobiety i małego dziecka bym się tego nie podjął. Trzeba więc było rozejrzeć się za noclegiem. Na szczęście załatwiłem sobie nowe papiery na nazwisko niebudzące wątpliwości, jakie jest moje pochodzenie. Zgłosiłem się do Organizacji Żydowskiej, która prowadziła coś w rodzaju schroniska. Odnalazłem kierownika i wyjaśniłem mu, w jakiej się znaleźliśmy sytuacji.

– Ponieważ jestem Żydem, oczekuję od was pomocy – stwierdziłem bezczelnie.

On przyjrzał mi się i spytał:

– A od kiedy to pan jest Żydem?

Spojrzałem na zegarek i odrzekłem:

– Od piętnastu minut!

Roześmiał się i zgodził się udzielić nam noclegu. Od niego dowiedziałem się też, że mój przewodnik przed paroma dniami został aresztowany i nie ma co liczyć, że kiedykolwiek powróci. Polecił mi innego zaufanego człowieka i to on miał z samego rana przeprowadzić nas przez granicę.

Mimo zmęczenia oboje długo nie mogliśmy zasnąć.

– Jeszcze nie mogę uwierzyć, że wkrótce zobaczę męża – mówiła pani Alina – jeśli oczywiście nic złego się nie wydarzy.

– Będzie dobrze, najgorsze mamy za sobą.

Kasia, kiedy rano otworzyła oczy, stwierdziła:

– Ale się wyspałam!

Roześmialiśmy się z panią Aliną.

Jeszcze tego samego dnia byliśmy w Ankonie. Kapitana zastaliśmy w towarzystwie adiutanta, więc jego rezolutna córka spytała:

– Przepraszam, a który z panów jest moim tatusiem?

Patrzyłem na powitanie tej trójki i przyszło mi na myśl, że chyba nie mogłem otrzymać większej nagrody.

Zgodnie z regułą powinienem teraz „leżakować", ale dowiedziałem się, że mój brat Wacław odnalazł się w Krakowie i pilnie szuka ze mną kontaktu. Trzeba było zatem od razu wrócić na kurierski szlak.

Listowna spowiedź Ludwika pokrywała się w wielu punktach z tym, czego się dokopałam w IPN. Studiując protokoły spisywane ręcznie przez funkcjonariuszy UB, co za męka dla oczu! odczytywanie tych bazgrołów z fotokopii!, zorientowałam się, że Ludwik zeznaje tylko to, co oni już wiedzą. Cały czas jest mowa tylko o dwóch przeprawach przez granicę, a przecież od końca czterdziestego piątego roku Ludwik stale kursował pomiędzy Warszawą a Ankoną.

Protokół

Przesłuchania podejrzanego

Warszawa, d.5.V.1947

Mł. Oficer śledczy Ministerstwa Bezpieczeństwa Publicznego w Warszawie ppor. Strzałkowski Władysław przesłuchał w charakterze podejrzanego Niemczyka Ludwika, syna Władysława (personalia w aktach).

Pytanie:

Powiedzcie, kiedy wyjechaliście z Berletty do Ankony i w jakim celu do tego miasta pojechaliście?

Odpowiedź:

Dnia 15 lipca 1946 roku (daty dokładnie nie pamiętam) wyjechałem z polskiego obozu dla uchodźców cywilnych w Barlecie do Ankony do kolegi mego Kalinowskiego Edwarda.

Pytanie:

Powiedźcie, co wyżej cytowane przez was słowa oznaczają, które sprowadziły do tego, że wyjechaliście do Ankony do Edwarda Kalinowskiego.

Odpowiedź:

Od stycznia 1946 roku do maja lub czerwca 1946 roku w obozie polskim w Barletta zamieszkiwałem z Edwardem Kalinowskim. Mówiłem mu tak jak i innym, że chcę wyjechać do Polski by stamtąd tu przywieźć brata skrzypka Wacława Niemczyka, ale wyjazd mój do kraju w tej sprawie, nigdy nie może dojść do skutku z powodu braku pieniędzy.

Wobec słów w liście, które Kalinowski skierował do mnie, a to iż jest ktoś, komu załatwiono sprawę, załatwi i moją, uważałem to za sygnał wyjazdu mego do Polski.

Pytanie:

Czy na temat swego wyjazdu do Ankony na terenie obozu Berleta przeprowadzaliście rozmowy z kimś ze swych kolegów?

Odpowiedź:

Mieszkańcy bloku 2-go prawie wszyscy wiedzieli o tym. W tym Skuza Marian, który do Polski chciał ze mną jechać.

Ludwik Niemczyk

Na tym protokół przerwano, jest w zgodzie z moich słów spisany (co po przeczytaniu stwierdzam własnoręcznym podpisem).

Przesłuchał: Strzałkowski ppor

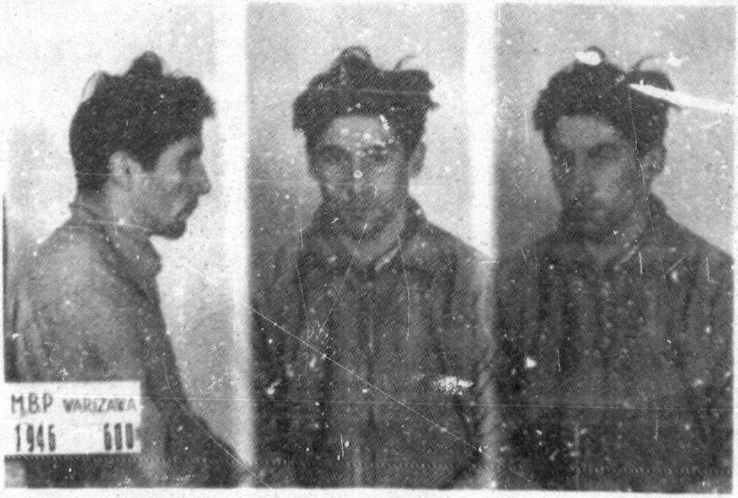

Protokół
przesłuchania podejrzanego

Warszawa dnia 5.V.1947 r.

Mł. oficer śledczy Ministerstwa Bezpieczeństwa Publicznego w Warszawie ppor. Strzałkowski Władysław przesłuchał w charakterze podejrzanego

Niemczyka Ludwika s. Władysława
/personalia w aktach/

Pytanie: Powiedzcie, kiedy wyjechaliście z Barletty do Ankony i w jakim celu do tego miasta pojechaliście?

Odpowiedź: Dnia 15 lipca 1946 roku /daty dokładnie niepamiętam/ wyjechałem z polskiego obozu dla uchodźców cywilnych w Barlecie, do Ankony do kolegi mego Kalinowskiego Edwarda, który zażądał listownie, bym ja do niego przyjechał, a o tym dowiedziałem się od brata Kalinowskiego – Kalinowskiego Kazimierza który przebywał razem ze mną [illegible] w obozie Barletta.

Pytanie: Kiedy Kalinowski Kazimierz zawiadomił Was iż macie jechać do Ankony gdzie jego brat Kalinowski Edward wzywa tam Was?

Odpowiedź: Dnia 14 lipca 1946 roku /daty dokładnie niepamiętam/ Kalinowski Kazimierz w obozie polskim Barletta, na bloku 2-gim w którym mieszkaliśmy, przyniósł mi list od brata swego Edwarda Kalinowskiego w którym było kilka słów do mnie napisane

jak: Zeznawca Sudnika [?] mnie, iż jest
Ktoś, komu zawiniony sprawy załatwi i mój
Na podstawie tej wiadomości tego dnia wyje-
chałem z Barletty do Alikanty do
Edwarda Kalinowskiego służącego tam
w jednym z oddziałów II-Korpusu

Pytanie: Ponieważ, co wyżej wykonane przez
Was żona oznaczają, które sprowadziły
do tego, iż wyjechaliście do Alikanty do
Edwarda Kalinowskiego?

Odpowiedź: Od stycznia 1946 roku do
maja lub czerwca 1946 roku w obozie
polskim w Barletta zamieszkiwałem
razem między innymi z Edwardem
Kalinowskim, który następnie wstąpił
do służby w wojsku w oddziałach II-go
Korpusu. W czasie styczności w Barlecie
z Edwardem Kalinowskim, mówiłem mu
często tak jak i innym iż chcę jechać
do Polski, gdyż stamtąd mi przysyła
swego brata skrzypka Władysława Niemczyka,
ale wyjazd mój do kraju w tej sprawie
wtedy nie mógł dojść do skutku z powodu
braku pieniędzy. Wobec tego słowa w liście
które Kalinowski skierował do mnie, a to
iż jest Ktoś komu załatwiony sprawy
"załatwi i swoją" uważałem za sygnał
do wyjazdu mego do Polski, gdyż przez

Niemczyk

Po powrocie do Polski pierwsze kroki skierowałem do mamy, która przeniosła się do Wrocławia, warszawska kamienica, gdzie mieszkaliśmy przed wojną, przestała istnieć. Spotkałem tam starszego brata Roberta, który opiekował się mamą też w czasie Powstania. Nie było tylko wieści o Leonie, znajomy inżynier z Krakowa wiedział tyle, że brat został wywieziony do Niemiec. Niemcy brali młodych, starszych puszczając wolno. Była więc radość ze spotkania i troska o nieobecnego. Ale to nie koniec dobrych wiadomości, odnalazła się też moja narzeczona, Bogna. Natychmiast pojechałem do Warszawy. Przebywała jeszcze w Szpitalu Przemienienia Pańskiego na Pradze. Rany, których doznała w Powstaniu, były niemal śmiertelne... Uratowała ją koleżanka, wyciągając spod zwału trupów. Na mój widok twarz jej się rozpromieniła, każda inna kobieta po takich przejściach wybuchłaby płaczem, ale nie ona. Bogna była twarda, podobna do mnie, dobraliśmy się jak w korcu maku.

Poznałem ją we wrześniu trzydziestego dziewiątego roku na tajnym zebraniu, w pewnej chwili nasze spojrzenia się spotkały i od razu zaiskrzyło. Teraz miała poważny problem z kręgosłupem, utkwił w nim odłamek i to w takim miejscu, że chirurdzy bali się go ruszyć. Żyła więc z tykającą bombą zegarową, która w każdej chwili mogła w niej wybuchnąć. Dopiero w Kanadzie tamci lekarze podjęli to ryzyko i udało się. Ale kilka lat później Bogna będzie miała poważny wypadek samochodowy i już nie wstanie z łóżka... Teraz jednak byliśmy młodzi i snuliśmy plany na przyszłość, jesienią czterdziestego piątego roku nie do końca było jasne, jak będzie wyglądało życie w tej nowej Polsce. Może da się wytrzymać, a jak się nie da, to stąd pryśniemy – uznaliśmy, szlak był przetarty. Spędziłem z Bogną kilka dni, pielęgniarki pozwoliły mi u niej całymi dniami przesiadywać, od porannego obchodu do wieczora, a nawet dłużej, kiedyś położyłem się obok Bogny i oboje zasnęliśmy. Obudziło mnie energiczne szarpnięcie za ramię. Pochylał się nad nami lekarz.

– Panie, w butach na łóżku!

– Buty trzymam poza łóżkiem, panie doktorze – sprostowałem.

– Ale zabieraj się pan – powiedział już łagodniejszym tonem.

W końcu musiałem zameldować się u pułkownika.

Przywitał mnie niemal wylewnie, więc widocznie moja wina została odkupiona, ale to, co od niego usłyszałem, wprawiło mnie w zdumienie.

– Słuchaj no, jest taka sprawa, że bezpieka rozpracowuje naszych, niektórym grunt pali się pod stopami i trzeba by ich przerzucić na Zachód. Mamy już taką grupę, tylko czekaliśmy na ciebie.

– A co z pocztą, panie pułkowniku?

Machnął ręką.

– To tylko papiery, a tutaj chodzi o ludzkie życie. Podejmiesz się?

– Czy to rozkaz, panie pułkowniku?

– Nie, to do twojej decyzji, czy chcesz pomóc kolegom.

Oczywiście, że chciałem pomóc, a potem, kiedy pojechałem do Krakowa spotkać się z moim bratem Wacławem, okazało się, że on też ma kłopoty z nową władzą i musi pryskać za granicę. Pozwolono mi włączyć go do tej grupy. Czasu było mało, więc nie mieliśmy okazji dłużej pogadać, nawet nie wiedziałem do końca, dlaczego musi uciekać z Polski. Miał świetną posadę dyrektora artystycznego w krakowskiej filharmonii, był ceniony i poważany.

– Kiedyś ci wszystko opowiem – odrzekł, gdy go trochę przycisnąłem już w Ankonie.

Dotarliśmy tam całą grupą bez większych przeszkód. Raz tylko było gorąco, kiedy do autobusu z Pilzna do Karlowych Warów weszły kanary. Oczywiście mieliśmy bilety, ale przy pierwszym pytaniu mogła być wpadka. Na szczęście pora była wczesna, wiele osób drzemało, więc kontrolerzy też nie byli rozmowni.

Wacław miał przedwojenne kontakty w Londynie i postanowił tam wyjechać, spotkało go nie lada wyróżnienie, bo z rozkazu samego generała Andersa dostał miejsce w samolocie. Ja pozostałem w Ankonie, czekając na dalsze rozkazy.

Któregoś dnia podszedł do mnie smutny pułkownik, takie miał przezwisko, bo nikt nie widział, aby się kiedykolwiek uśmiechnął. Poprosił mnie o rozmowę, ja zaraz stanąłem na baczność, ale położył mi rękę na ramieniu:

– Spokojnie, mam do pana prywatną prośbę. Cała moja rodzina została w Warszawie, nie wiem, co się z nimi dzieje, czy przeżyli Powstanie. Mógłby się pan, panie chorąży, czegoś o nich dowiedzieć, kiedy będzie pan znów w Polsce?

Wędrówki przez granice utrzymywane były w ścisłej tajemnicy, więc milczałem. Pułkownik wiedział o tym.

– Nie było tej rozmowy! – rzekł i jednocześnie włożył mi do kieszeni bluzy kartkę z adresem.

Był koniec października czterdziestego piątego roku, kiedy po raz kolejny pokonałem szlak z Ankony do Warszawy. Ludzie, którzy mi pomagali, twierdzili, że jest coraz trudniej, na granicy czesko-polskiej zaczynały się bardziej szczegółowe kontrole, ryzyko było większe, więc przewodnicy musieli być lepiej opłacani, kurczyła się grupa tych, którzy pomagali z powodów patriotycznych.

Bogna wróciła już do domu, ale jeszcze nie czuła się dobrze, potrzebowała długiej rehabilitacji. Spędzałem u niej wiele godzin, często siedzieliśmy tak w milczeniu, trzymając się za ręce.

Postanowiłem też odszukać rodzinę smutnego pułkownika, ale pod podanym adresem zastałem same ruiny. Zacząłem rozpytywać mieszkańców okolicznych domów o losy sąsiadów, nic jednak nie wiedzieli. I wtedy zagadnęła mnie sprzedawczyni z warzywniaka, jej budka stała nieopodal zburzonego domu.

– Szuka pan kogoś z tej kamienicy?

Kiwnąłem głową.

– Niektórzy zostawili u mnie swoje nowe adresy, jakby ktoś o nich pytał...

Przejrzałem karteczki, ale nigdzie nie znalazłem nazwiska pułkownika. Sklepowa mi poradziła, abym jednak je zapisał, może któraś z tych osób będzie coś wiedziała. Przyszło mi do głowy, że mogła te kartki pokazywać też jakimś szpiclom, ale oni mieli chyba lepsze kanały informacyjne?

I już pierwsza osoba, do której trafiłem, udzieliła mi konkretnej odpowiedzi. Żona pułkownika i dwie jego córki zginęły pod gruzami podczas nalotu, ocalał syn, który pracował teraz w bazie samochodowej po drugiej stronie Wisły, gdzie dokładnie, nie wiedziała. Jednak na hasło „baza samochodowa" mieszkaniec Pragi od razu wskazał mi drogę.

Syn pułkownika wyszedł w poplamionym smarem kombinezonie, miał ten sam smutek w spojrzeniu co ojciec. Pomyślałem, że to pewnie rodzinne i od razu zrobiło mi się przykro, przecież ten chłopak niedawno stracił bliskich. Początkowo był bardzo nieufny, twierdził, że jego ojciec zginął na wojnie. Nie chciałem wdawać się w dyskusję, bo zaczęto się nam przyglądać, spytałem tylko, czy pamięta, kto w jego rodzinie używał zwrotu „panie tego". Widać pamiętał, bo umówił się ze mną po pracy w jednej ze śródmiejskich kawiarń. Kiedy tam wszedł, wysoki, męski, atletycznie zbudowany, oczy pań powędrowały w jego kierunku. Okazało się, że ma dopiero szesnaście lat, dawałem mu znacznie więcej. Walczył w Powstaniu, z Warszawy wyszedł z cywilami.

Kiedy w końcu uwierzył, że jego ojciec żyje, nie potrafił ukryć łez. Pomyślałem, że w ciele młodego mężczyzny ukrywa się skrzywdzone dziecko. Miał na imię Olek. Żeby go jakoś ośmielić, spytałem o to hasło. Uśmiechnął się:

– Dziadek ze strony ojca miał takie powiedzenie, więc nazywaliśmy go „dziadzio panie tego" .

Oczy się chłopakowi zaświeciły, gdy mu powiedziałem, że ojciec chce go do siebie ściągnąć i spytałem, czy jest na to gotów.

– Choćby jutro! – odrzekł.

Wyjaśniłem mu, że trzeba czekać na sygnał i musi być przygotowany, że to może potrwać. Kiedy dam mu znać, ma wszystko rzucić i stawić się w umówionym miejscu. Ale wkrótce to on mnie odszukał. Okazało się, że za kilka dni z jego bazy wyruszy ciężarówka do Pilzna i mógłby się zgłosić na ochotnika, bo oprócz kierowcy ma jechać dwóch do pomocy.

– I w Pilznie chcesz dać nogę?

Skinął głową.

– A co dalej? – zadałem mu zasadnicze pytanie.

– No... dalej pan poprowadzi, sam pan mówił, że najgorzej jest na granicy polsko-czeskiej, a wjedziemy oficjalnie.

– Jak to wjedziemy?

Olek szeroko się uśmiechnął. Wpadł na pomysł, że zabiorą mnie po drodze, według niego za litr spirytusu wszystko da się załatwić. W Pilznie mają nocować, więc kiedy tamci dwaj zasną, można będzie prysnąć.

Pomysł był ryzykowny i starałem się smarkacza od tego odwieść, ale do tej gorącej głowy żadne argumenty nie przemawiały. Czułem się za niego odpowiedzialny, więc nie mogłem się zgodzić, aby działał w pojedynkę.

W tym czasie w Pilznie znajdowała się placówka 2. Korpusu, oni by nam z pewnością pomogli. Ciężarówka ciągnęła przyczepę z ładunkiem pustych skrzyń, przespacerowałem się więc na Pragę i Olek mi je pokazał. Były na tyle duże, że spokojnie mogłem się w jednej z nich ukryć. I liczyć na łut szczęścia.

Samochód wyruszył z bazy bladym świtem. Czekałem zaraz za rogatkami miasta. Olek nawet miał pomysł, aby zabić skrzynię gwoździami, ale wtedy na pewno kazano by ją otworzyć! Było dość nerwowo przy kilku kontrolach, kierowca za każdym razem tłumaczył, że jadą na pusto po demobil do Pilzna i strażom to wystarczało. Po kilkunastu godzinach jazdy dotarliśmy do celu. Kiedy po zakrapianej kolacji kierowca i jego pomocnik zasnęli, wymknęliśmy się z bazy. Do placówki 2. Korpusu dotarliśmy po północy. Dzwoniliśmy i dzwoniliśmy, wreszcie drzwi się uchyliły i zaspany głos zapytał:

– *A tam nekdo*?

– Polacy, uciekinierzy – odpowiedziałem po polsku.

Dyżurny wpuścił nas od razu, a szef placówki, major, zszedł do nas w piżamie.

Trzasnąłem obcasami:

– Panie majorze, Ludwik Niemczyk, chorąży Armii Krajowej melduje się!

A za mną Olek:

– Starszy strzelec...

Major machnął tylko ręką:

– Spocznij.

Zabrał nas do kuchni, nastawił herbatę i wysłuchał naszej historii, kim jesteśmy i czego chcemy, a chcieliśmy dostać się do Ankony.

Myślał, myślał i w końcu oświadczył:

– Trzeba działać szybko, póki tamci dwaj nie narobią rabanu. Transport do Włoch miał wyruszyć wczesnym rankiem, ale w tej sytuacji wyruszy zaraz.

Przywołał adiutanta, wydał mu odpowiednie rozkazy i wkrótce jechaliśmy w kierunku przełęczy Bremmer.

Kierowca pędził serpentynami na złamanie karku, wóz ważył kilka dobrych ton, więc zamiast podziwiać przepiękne alpejskie widoki, raczej odmawialiśmy w duchu zdrowaśki. Ale dojechaliśmy do celu cali i zdrowi. Ojciec z synem nie od razu padli sobie w ramiona, bo się w pierwszej chwili nie poznali. Kiedy pułkownik wychodził na wojnę, Olek był jeszcze dzieckiem, a teraz stanął przed nim mężczyzna wyższy od niego o pół głowy. Bliźniacza scena jak wcześniej z Kasią i jej ojcem kapitanem... Teraz obaj panowie sobie popłakali, dla ojca Olka zaczynała się żałoba, bo właśnie się dowiedział, że jego żona i dwie córki zginęły w powstaniu.

Po powrocie do Warszawy czekało mnie „leżakowanie", co mnie wcale nie zmartwiło, bo mogłem poświęcić ten czas Bognie, która była już w domu, ale jeszcze w nie najlepszej formie.

– Dla mnie pańska narzeczona jest fenomenem natury, tyle razy była ranna i każda z tych ran mogła okazać się śmiertelna – powiedział lekarz, który regularnie ją odwiedzał.

– Wola życia, panie doktorze – odparłem.

Bogna, jak już wspomniałem, mieszkała z rodzicami i młodszą siostrą Konstancją w bliźniaku na Żoliborzu, była to bardzo kochająca się rodzina, bardzo lubiłem u nich bywać. A teraz, chcąc być bliżej Bogny, nawet się tam wprowadziłem. Miałem pokój na dole, ale gdy tylko dom usypiał, przekradałem się do narzeczonej na piętro.

Kiedy wzięliśmy ślub i mogłem robić to oficjalnie, matka Bogny powiedziała ze śmiechem:

– Ludwiczku, już nie będziesz musiał lunatykować po nocy!

Najpierw Konstancji oświadczył się Jacek, jej narzeczony. Był bardzo przystojnym, silnym mężczyzną, przed wojną studiował medycynę, brał też udział w zawodach akademickich i został nawet mistrzem wagi ciężkiej. Poza tym przeszedł przez wodę i ogień, jak to się mówi. Był w partyzantce, w warunkach polowych kroił i zszywał rannych kolegów. Można powiedzieć, że miał piękną wojenną kartę. Konstancję poznał jeszcze przed wojną na ślizgawce w Dolinie Szwajcarskiej. Była podlotkiem z długim warkoczem, gdy on już studiował, ale zwrócił na nią uwagę, bo z dużą gracją jeździła na łyżwach. W ogóle była bardzo ozdobna... jej uroda rzucała się w oczy, różniła się od starszej siostry. Bogna, podobna do ojca, miała dość ostre rysy twarzy, nosiła krótko ścięte włosy, była takim typem chłopczycy, a Konstancja, którą rodzina nazywała Kotką, przypominała matkę, duże niebieskie oczy, mały nosek, długie jasnoblond włosy.

Bardzo byli w sobie z Jackiem zakochani, więc kiedy przyszedł z pierścionkiem i bukietem kwiatów, nikt się nie zdziwił, a ona oczywiście powiedziała „tak". W trakcie uroczystego obiadu Kotka spojrzała na mnie z przekorą:

– A ty, Wik, na co czekasz?

Więc wyjąłem kwiaty z wazonu, ukląkłem przed Bogną i spytałem, czy wyjdzie za mnie. To miał być żart, a ona całkiem poważnie się zgodziła. To jej „tak" zbiło mnie z tropu. Wszyscy teraz na nas patrzyli.

Ciszę przerwała Kotka.

– To może połączymy nasze śluby?

I tak się stało, we czworo stanęliśmy przed kierownikiem żoliborskiego urzędu stanu cywilnego. Potem było przyjęcie w domu panien młodych. Na uroczystość przybyli rodzice i siostra Jacka, tylko ode mnie nie było nikogo. Inaczej sobie wyobrażałem ten dzień, chciałem, aby Bogna najpierw poznała moją mamę i braci.

Jej matka to zauważyła, była niezwykłą osobą, rodzina nazywała ją żartobliwie: „mamusia, opiekun spolegliwy!".

– Przed wami całe życie, zdążysz ją zawieźć do swoich, jak już wydobrzeje.

Miesiąc miodowy został skrócony do kilku dni, bo znowu musiałem wejść w skórę kuriera, a teraz i przewodnika. Od dobrych kilku miesięcy kompletowano grupę uciekinierów, miało iść ze mną sześciu cywilów, dwóch wojskowych i żona oficera, który był w grupie z moim bratem Wacławem. Nawet poznałem ją, bo odprowadzała męża.

Przez ten czas bardzo się zmieniła, wtedy taka zadbana w eleganckim kostiumie, teraz wyraźnie przybyło jej parę kilo, dodatkowo pogrubiał ją podobny do worka płaszcz... Na zbiórce szczegółowo omawialiśmy wszystkie etapy „podróży w jedną stronę", powrót nie był już możliwy. W pociągu mieliśmy się rozdzielić, każdy w innym wagonie, a wysiąść trzeba było na małej, leśnej stacyjce... Tam nocny popas i nad ranem marsz w stronę granicy. W umówionym miejscu wynajęty człowiek wskazał nam stodołę, gdzie mogliśmy się przespać te parę godzin. W pewnym momencie usłyszałem szept:

– Panie przewodniku... mogę pana prosić...

Wygrzebałem się z siana:

– O co chodzi? Nie może pani zasnąć?

– Ja chyba rodzę!

To, co usłyszałem, było jak uderzenie obuchem w głowę, nie miałem pojęcia, że ona jest w ciąży!

– Przepraszam... sądziłam, że zdążę dotrzeć do Ankony, do męża... termin mam dopiero za dziesięć dni... ale wody mi odeszły...

W głowie kłębiły się myśli, trzeba pomóc rodzącej... trzeba działać... może kogoś zawołać, ale kogo? Jak? Gdzie?

Obudziłem pozostałych, z miejsca wpadli w panikę, gromy posypały się na moją biedną głowę, że dałem się omotać babie i teraz szlag trafi całą wyprawę. Ale po pierwszym szoku doszedłem do siebie, wyprosiłem męskie towarzystwo ze stodoły, potem rozłożyłem na sianie kurtkę i rodząca się na niej położyła. Wszystko trwało dosłownie kilka minut, pani Anna stęknęła i pomiędzy jej rozwartymi udami pojawiła się główka dziecka, a dalej cała reszta. Zdezynfekowałem wódką scyzoryk i trzęsącymi się rękoma przeciąłem pępowinę, potem wyjąłem z plecaka czystą koszulę, owijając nią noworodka.

Pani Annie łzy ciurkiem leciały po twarzy ze zmęczenia i szczęścia, jak potem wyznała. Dziecko było jednak jakieś niemrawe i mogło nie przeżyć, więc ochrzciliśmy je z wody, ja zostałem ojcem chrzestnym. To była dziewczynka i matka nadała jej imię Agnieszka. Histeryzowała, że córeczka jest taka cicha, ale huknąłem na nią, że dopóki oddycha normalnie, nic się złego nie dzieje. Nawet zażartowałem, że teraz jesteśmy jak święta rodzina, a pani Anna dopowiedziała: „Tylko płeć dziecka nie ta!".

Zdecydowałem, że zostawię tu mamę z córką na parę godzin, uciekinierów skontaktuję z przewodnikiem, który ich przerzuci przez granicę. Nie było innego wyjścia, musiałem im przekazać adresy w Czechach i hasło, to powinno ułatwić grupie dotarcie do niemieckiej granicy, a potem już wszystko będzie proste. W drodze powrotnej zastanawiałem się, jak tu załatwić transport do Warszawy, ale pani Anna oświadczyła, że już dobrze się czuje i możemy ruszać dalej.

– Pani Aniu – mówiłem, siląc się na spokój – wszystko ma swoje granice, pani przekroczyła ich już kilka!

– Ale nie przekroczyłam ostatniej, która mnie odgradza od męża i od wolnego świata, nie zostanę tu, w tym więzieniu, prędzej zabiję siebie i dziecko!

Była tak wzburzona, że zacząłem się obawiać o jej zdrowie.

– Dobrze, pani Aniu, ale wyruszymy za kilka dni, może tak być?

– Może – odrzekła obrażona.

Udało mi się załatwić kwaterę u chłopa w pobliskiej wiosce. Znowu występowałem w roli męża nieswojej żony i ojca nieswojego dziecka. Ale za to można było wykąpać małą, pani Anna też doprowadziła się do porządku. Gospodyni uprała jej rzeczy.

Starałem się nic po sobie nie pokazywać, ale oczyma duszy już widziałem naszą wędrówkę przez Czechosłowację: zarośnięty jak traper mężczyzna wlokący wycieńczoną kobietę z noworodkiem, do tego bagaże!

Dramatyczna była tylko przeprawa przez granicę, pani Anna zasłabła. Nieprzytomną przenieśliśmy na drugą stronę, tam próbowałem zrobić jej masaż serca. Na szczęście wkrótce otworzyła oczy.

– Przepraszam – powiedziała z wysiłkiem.

Przewodnik musiał wracać, bo za chwilę okazałoby się to niemożliwe, zostałem więc ze słaniającą się na nogach kobietą, siedmiodniowym dzieckiem i ciężką walizką. Ale trzeba przyznać, że pani Anna była dzielna, trzymając się kurczowo mojego ramienia, stawiała krok po kroku, chociaż widziałem, że nogi odmawiają jej posłuszeństwa. Wreszcie dotarliśmy do skweru, na którym stała ławka. Było już na tyle daleko od granicy, że nie powinniśmy zwracać niczyjej uwagi.

– Nagle wszystko zawirowało mi w oczach i... ciemność – tłumaczyła się.

– Emocje! Emocje potrafią powalić konia – odparłem.

– No, do konia mi jeszcze daleko. – Uśmiechnęła się.

Siedzieliśmy tak kilka godzin. Pani Anna zjadła kanapkę, wypiła mleko, które zapakowała gospodyni, nakarmiła dziecko i mogliśmy taksówką udać się na dworzec. Cała sytuacja miała też swoją dobrą stronę... Komu mogło przyjść do głowy, że z tak maleńkim dzieckiem możemy być parą uciekinierów? Kiedy ktoś z podróżnych coś do nas zagadywał, pani Anna kładła palec na ustach, że maleństwo śpi. Na szczęście jej córeczka okazała się strasznym śpiochem, tylko jadła i spała.

Reszta podróży odbyła się bez przeszkód i wkrótce zawitaliśmy do Ankony.

A potem cudowna chwila, kiedy pan pułkownik wziął swoją córkę na ręce, tak samo mu się trzęsły jak mnie, gdy Agnieszka przychodziła na świat.

Ja nie miałem powodów do radości, granica była coraz bardziej szczelna, podałem grupie adresy i hasło dla przewodników, na szczęście szybko je zmieniono. Warszawa uważała jednak, że jestem spalony, odradzano mi powrót. W Polsce miałem matkę, żonę, dla kogo, po co miałem zostać na Zachodzie? Podjąłem jeszcze raz to ryzyko... Do granicy niemiecko - czechosłowackiej nie było problemów, potem Słowak za dolary przemycił mnie ukrytego pod workami z mąką. Kiedy wreszcie się spod nich wydostałem, przypominałem młynarza, miałem białe włosy, twarz, ubranie. Wory z mąką nie były, jak się okazało, dobrym pomysłem, bo nie mogłem się teraz nikomu pokazać. Bałem się pukać do nieznanych drzwi, zanim zdążyłbym otworzyć usta, wezwano by tamtejszą bezpiekę, *Státní bezpečnost*.

Do tej pory szczęście mi dopisywało – myślałem – musi być jakaś deska ratunku.

Mogło się nią okazać tylko schronisko Organizacji Żydowskiej, o ile był tam jeszcze ten sam kierownik. Moje obecne papiery z Żydami nie miały jednak nic wspólnego. Pamiętam, że serce mi łomotało, gdy pukałem...

To był on! Mimo niecodziennego wyglądu przypudrowanego mąką młynarza od razu mnie poznał. Spojrzał mi głęboko w oczy:

– A teraz jak się pan nazywa?

– Wróblewski.

– No cóż, panie Wróblewski, zapraszam.

Od razu skierował mnie do łazienki. Potem zaprosił na kolację. Oczywiście rozmawialiśmy o polityce, pytał, czy moim zdaniem obecny układ między mocarstwami się utrzyma.

– Już jest pozamiatane, trafiliśmy pod ruski but, kto wie, na jak długo.

– I mimo to ciągle pan wraca?

– Ja kursuję.

– Nie pan jeden – westchnął. – Na granicy jest stale tłok.

– I wszyscy przychodzą do pana?

– Zdarza się.

Z samego rana chciałem się pożegnać, ale kierownik schroniska niemal siłą zatrzymał mnie na śniadaniu. Między nami nawiązała się nić porozumienia i obopólnej sympatii. Wychodziłem już, kiedy spytał:

– A ta ładna pani z dziewczynką są szczęśliwe?

– O tak, jedna odnalazła ojca, druga męża.

Wyraźnie się ucieszył.

Łapałem różne okazje od furmanki po ciężarówkę, bo nie odważyłem się jechać pociągiem, ale w końcu dotarłem w pobliże granicy. Nie mając przewodnika ani po jednej, ani po drugiej stronie, bardzo ryzykowałem, ale szlak przemytniczy znałem na pamięć, nadto o tej porze było nikłe ryzyko nadziania się na patrol.

No i udało się. Szedłem leśnym traktem ze ściśniętym gardłem, oto byłem na ojczystej ziemi, a w każdej chwili ubecka zgraja mogła rzucić mi się do gardła. W imię czego? Interesów obcej władzy. Kiedyś mój młodszy brat marzyciel powiedział: – Jakby można było przenieść Polskę nad Atlantyk, to ja bym chciał.

– Dlaczego właśnie nad Atlantyk? – spytała mama.

– Bo to jest duży ocean, więc Polska też byłaby duża!

Teraz pomyślałem, że wtedy Polska byłaby wolna!

I znowu Żoliborz! Wielkie święto, bo przecież wróciłem, żyję... Bogna od razu przebrała się w sukienkę, którą najbardziej lubiłem.

– Mam nadzieję, że trochę pobędziemy razem? – spytała, patrząc mi w oczy.

Obiecałem jej to, a nawet wybraliśmy się nad morze w spóźnioną podróż poślubną. Wynajęliśmy pokój w rybackiej wiosce niedaleko Władysławowa, była druga połowa sierpnia, ale słońce mocno przygrzewało, więc godzinami leżeliśmy na plaży. Letnia beztroska, plaża, morze, świeże ryby... Jadaliśmy z rodziną gospodarzy w kuchni, wsłuchując się w śpiewny język kaszubski. To byli tacy twardzi, pogodzeni z życiem ludzie, ich najstarszy syn zginął pod koniec wojny, więc synowa i wnuki mieszkali z nimi. Dwaj młodsi synowie założyli rodziny i wyprowadzili się na swoje, ale wypływali z ojcem kutrem w morze.

Bogna bawiła się z najmłodszymi dziećmi, szczególnie przypadła jej do gustu siedmioletnia Jadzia, ale ona tęskniła za ojcem, którego już nigdy nie zobaczy... i wolała przebywać ze mną. Widziałem, że mojej żonie jest z tego powodu przykro.

To mi uświadomiło, że chociaż Bogna powtarzała, iż nie chce i nigdy nie chciała mieć dzieci, nie było to do końca prawdą. Nie wolno jej było zajść w ciążę ze względu na chory kręgosłup.

Gospodarz powiedział nam, że niedaleko stąd zaczynają się wrzosowiska i właśnie przyszedł czas kwitnienia. To trzeba zobaczyć – stwierdził. Więc wyruszyliśmy z samego rana, najpierw spory kawałek drogi wędrowaliśmy lasem, a potem naszym oczom ukazało się pole wrzosów ciągnące się po horyzont, poprzetykany kępami palących się już na złoto brzóz, pasiekami, które woleliśmy omijać. I ten zapach... Zdrożeni położyliśmy się na miękkim, wonnym dywanie. Nad nami leniwe płynęły, białe postrzępione obłoki.

– Czuję się, jakbym była w Szkocji – powiedziała Bogna.

– A czy... mogłabyś żyć poza Polską? – spytałem ostrożnie.

Długo milczała.

– Mam tutaj rodzinę i... kocham Warszawę... jest taką samą kaleką jak ja...

– Nie jesteś kaleką, co ty opowiadasz.

– Przecież wiesz, ile żelastwa noszę w sobie!

Po jej słowach poczułem ból w okolicy serca.

– Gdybym mógł wziąć to na siebie – powiedziałem cicho.

– Wiem...

Przytuliliśmy się i, nie wiadomo kiedy, zmorzył nas sen. Gdy się ocknąłem, był już zmierzch. Obudziłem Bognę. Wydawało nam się, że wracamy tą drogą, którą przyszliśmy, ale mniej więcej po godzinie marszu trafiliśmy w to samo miejsce. Znajoma kępa brzóz, a pod nią ślady naszego pobytu. Zrobiło się dość nieprzyjemnie, bo nie mieliśmy ze sobą nawet latarki. Krążąc tak po nocy kilka godzin, podjęliśmy decyzję, że musimy przetrwać tutaj do rana. Kiedy wyruszaliśmy, Bogna miała na sobie letnią sukienkę i nie chciała wziąć swetra, ale zapakowałem go do plecaka i jeszcze dwie peleryny, na wypadek nagłej zmiany pogody. Teraz sweter bardzo się przydał, a na pelerynach mogliśmy się położyć.

I wtedy z daleka zobaczyliśmy podobne błędnym ognikom migocące światełka, to rodzina Kaszubów przychodziła nam z odsieczą! Szli szpalerem, ojciec, matka, synowie i synowe. Było nam strasznie wstyd, ale oni obrócili wszystko w żart.

Niestety urlop dobiegł końca i trzeba było wracać. Kiedy się pakowaliśmy, do pokoju zajrzała mała Jadzia.

– Ja bym chciała pojechać z tobą – powiedziała do mnie.

Popatrzyliśmy po sobie z Bogną.

– A co powie na to twoja mama? – spytałem.

– Na pewno się zgodzi!

– Ale najpierw z nią porozmawiaj.

Gdy zeszliśmy na dół, Jadzia gdzieś zniknęła. Okazało się, że rozmowa z mamą nie poszła po jej myśli, więc ukryła się na strychu. Znalazłem ją w kącie pośród pajęczyn, siedziała naburmuszona z kolanami pod brodą.

– Wstrętna jest, nie lubię jej...

– Nie wolno tak mówić o mamie!

– To czemu się nie zgodziła?

– Bo jest twoją mamą, a ty jesteś jej córeczką, a poza tym za kilka dni zaczyna się szkoła i co powiedzą twoje koleżanki, kiedy ciebie nie będzie? – tłumaczyłem.

To był jakiś argument, Jadzia pociągnęła nosem i spytała:

– A przyjedziesz na moją komunię świętą? Będę miała białą sukienkę i wianek!

– Postaram się.

Kiedy czekaliśmy na autobus, Bogna stwierdziła:

– Widzę, że masz powodzenie u płci żeńskiej w każdym wieku...

Potem myślałem, dlaczego ona to powiedziała. Czy nie była mnie pewna, gdy znikałem z jej życia na całe miesiące? A może nie uważała się za stuprocentową kobietę, skoro nie mogła urodzić dziecka. Wiedziała, że ją kocham, było też we mnie wiele czułości dla niej, tylko że nie potrafiłem tego okazać. Gesty, które dla większości mężczyzn były jak podanie ręki: bukiecik kwiatów, flakonik perfum, sprawiały mi trudność. Czułem się wyjątkowo źle w roli amanta.

Zaraz po powrocie znad morza pojechałem do Wrocławia, do matki. Okazało się, że wrócił z Niemiec mój brat Leon. Był sfrustrowany tym, co się dzieje w Polsce, i starał się mnie wybadać, czy organizuję jeszcze przerzuty na Zachód. Powiedziałem mu, jak sprawa wygląda, że ryzyko wciąż rośnie.

Leoś wzruszył ramionami:

– Można złamać nogę na równej drodze!

Nalegał, abym przez swoje kontakty załatwił mu miejsce w kolejnej grupie uciekinierów. Umówiłem się więc z moim szefem. Pułkownik dumał długą chwilę...

Tych zaszczutych osób było coraz więcej, gotowych na wszystko, byle tylko wydostać się z tej „cudownej" Polski Ludowej. Moi przełożeni uważali, że trzeba im pomóc i ja też tak uważałem, ale przecież powinienem leżakować...

– Wiesz, Ludwik, skoro twój brat tak się rwie, może jeszcze raz poprowadzisz grupę, będzie w niej bardzo zasłużony człowiek dla podziemia, rotmistrz, lepiej, żebyś nie znał jego nazwiska... jak go namierzą ubecy, rozerwą na strzępy, mocno nadepnął na odcisk Sowietom... Bardzo mi zależy, aby mu się udało, a ty jesteś doświadczonym kurierem.

– Ja chętnie, panie pułkowniku, ale przewodnicy radzili, żebym może odczekał...

– To odczekasz następnym razem.

Wieczorem rozmawiałem o tym z Bogną, była sceptyczna, tym bardziej że od czasu mojego powrotu zmieniła się sytuacja. Z miesiąca na miesiąc robiło się coraz bardziej niebezpiecznie, granice były pilniej strzeżone, ostatnio wopiści dostali psy wytresowane do tropienia ludzi, a tego nie należało lekceważyć.

– Myśmy już oddali haracz ojczyźnie – powiedziała z goryczą. – Niech teraz inni bawią się w konspirację.

Uśmiechnąłem się smutno:

– Oni nadstawiali głowy tak samo, a teraz są zwierzyną łowną. Nie mogę im odmówić... czułbym się z tym bardzo źle...

Bogna popatrzyła mi w oczy.

– To idź, kochany.

Ostatniej nocy prawie nie spaliśmy.

– Obiecaj, że wrócisz cały i zdrowy!

– Obiecuję.

– I że koniec z tym szaleństwem. Za którymś razem zginiesz i nawet nie będę wiedziała, że zostałam wdową.

Mocno ją przytuliłem.

– Myśl pozytywnie, że wrócę i znowu będziemy razem.

– Na jak długo...

– Już na bardzo długo. Oświadczyłem to pułkownikowi. Zaczniemy normalne życie cywilów.

– Naprawdę?

– Masz moje słowo harcerza!

Rano Bogna nie zeszła mnie pożegnać, poprosiłem ją o to, nie chciałem widzieć jej łez. Teściowa zrobiła mi krzyżyk na czole:

– Niech Bóg ma cię w opiece.

Ta przeprawa była dla mnie szczególnie ciężka, zawsze czułem się odpowiedzialny za każdego uciekiniera i zamieniałem się w kwokę prowadzącą swoje pisklęta. Teraz dodatkowo obciążała mnie obecność w grupie mojego najmłodszego brata.

Kiedy przyszedłem na „wieczorek zapoznawczy", jak nazywałem zbiórkę, byli już w komplecie. Uderzyło mnie, że są to tacy młodzi ludzie, jedynym człowiekiem w starszym wieku był rotmistrz, którego poszukiwało UB. Była to najliczniejsza grupa, którą miałem przeprowadzić, co mnie zaniepokoiło. Razem szesnaście osób. Wyjaśniałem im, jak będzie przebiegała cała ta operacja. Przede wszystkim musimy się podzielić na podgrupy, nie więcej niż po cztery, pięć osób. Spotkamy się w wyznaczonym miejscu, do którego każda grupa musi dotrzeć samodzielnie, starając się nie zwracać niczyjej uwagi. Otrzymają szczegółową mapę, pod żadnym pozorem nie wolno pytać o drogę. Jeśli się zgubią, mają wracać do Warszawy, w razie niesprzyjających okoliczności mapę zniszczyć, nie wolno dopuścić, aby wpadła w niepowołane ręce.

– A jakie to mogą być te okoliczności? – spytał silący się na kozaka piegowaty szczeniak, potem ktoś mi szepnął, że w powstaniu był tzw. synem pułku.

– Jak nas dupnie bezpieka! – odpowiedział mu inny niedorostek.

To jeszcze dzieci – pomyślałem – kto wpadł na pomysł, żeby ich wysyłać przez granicę? Ale nie ja o tym decydowałem.

Ze mną miał iść mój brat, Leoś, młode małżeństwo i jeden z tych dwóch dzieciaków, wybrałem zawadiakę, bo chciałem go mieć na oku. Od razu przykleił się do Leona, bo wyczuł w nim bratnią duszę, całą drogę, którą przebyliśmy pieszo, gadali. W pociągu chłopak siedział z Leonem w przedziale. Kiedy wysiedliśmy na docelowej stacji, było już ciemno, ale drogę znałem na pamięć i nie pozwoliłem nikomu zapalić latarki. Ze stacji do miejsca przeznaczenia było około pięciu kilometrów. To była ta sama szopa, w której zatrzymaliśmy się z panią Aliną i jej córką. Może to dobry znak, bo wtedy wszystko poszło gładko. Na miejscu była już podgrupa, którą prowadził pan rotmistrz. Spytałem narwanego piegusa, skąd decyzja ucieczki z Polski, czy może chce się połączyć z rodziną na Zachodzie.

– Mam tylko matkę, ale w Wołominie.

– A ona wie o twojej decyzji?

– Co ma nie wiedzieć.

– I puściła cię samego?

– Co mnie miała puszczać – obruszył się. – Ja jestem powstaniec-kombatant i nie będę czekał, aż mnie wywiozą na białe niedźwiedzie.

Przygnębiła mnie ta rozmowa, tego dzieciaka miało spotkać kolejne rozczarowanie, bo nikt go tam nie przyjmie z otwartymi ramionami.

W końcu dołączyła ostatnia podgrupa i mogłem wreszcie się zdrzemnąć. Obudził mnie podejrzany szelest za oknem, w pierwszej chwili pomyślałem, że ktoś z nas wyszedł za potrzebą, jednak wszyscy spali pokotem. Mógł to więc być tylko przewodnik, na wszelki wypadek dałem sygnał, ale nie odpowiedział. A potem w szparze przesunął się cień, jeden, drugi i zrozumiałem, że jesteśmy otoczeni. Tak, to był oddział Korpusu Bezpieczeństwa Wewnętrznego! Zagoniono nas jak bydło do ciężarówki i zwieziono do Cieszyna. Kiedy auto wjechało na zamkowy dziedziniec, kazano wszystkim wysiąść i ustawić się pod murem. Zaczęła się selekcja, jedni na lewo, inni na prawo. I już wiedziałem, że ci na prawo, w tym ja, będą zatrzymani. Niestety obok pana rotmistrza znalazł się mój brat. Puścili tych dwóch chłopaczków, co przyjąłem z wielką ulgą.

Patrzyłem na młodych ludzi, którzy trzymali nas na muszce, a byli jak my Polakami. Pochodzili głównie ze wsi i dla nich ten mundur stał się niewątpliwie szansą na lepsze życie, ale niektórzy wstydzili się tego. Uciekali wzrokiem gdzieś w bok, innych podniecała władza, jaką mieli nad nami. Jeden taki musiał wyczytać w moim wzroku pogardę, bo uderzył mnie kolbą w twarz. Jego dowódca, gruby major o obleśnej gębie, który stał z boku i przyglądał się całemu zajściu, odwołał żołnierza i chyba rzucił parę niecenzuralnych słów pod jego adresem. To on tutaj decydował i on mógł ze mną zrobić, co mu się będzie podobało, na przykład wyjąć nagan i strzelić mi w potylicę. Ale byłem dla nich zbyt cenny, by unicestwić mnie na początku śledztwa. Kiedy stałem wraz z innymi pod murem, podszedł ubek i rzucił:

– Imię, nazwisko!

– Mieczysław Orzechowski!

Uśmiechnął się:

– A może Ludwik Niemczyk?

Podczas ustalania tożsamości przez moment znaleźliśmy się z Leosiem obok siebie, zanim przesunął się dalej, zdążył mi szepnąć:

– Nie mów nic o AK!

Mój młodszy braciszek miał niezwykły dar przekonywania, potrafił opowiadać wiarygodnie najbardziej nieprawdopodobne historie jak ta o pamiętnej rodzinnej wyprawie na Madagaskar, którą tak oczarował kuzynkę... Myślałem, że teraz Leosiowi trudno będzie omotać przesłuchujących, życie pokazało, że na szczęście się myliłem. Mój brat potrafił wmówić śledczym, że nigdy nie był w Armii Krajowej, a w grupie uciekinierów znalazł się z... ciekawości, chciał sprawdzić, jak taka przeprawa wygląda. To było szczeniackie... ale na pewno się poprawi. I albo śledczy w tę jego poprawę uwierzyli, albo doszli do wniosku, że takiemu lekkoduchowi nikt by nie powierzył ważnych tajemnic. Ze względów pedagogicznych posiedział pół roku, bez poniżania i bicia...

Ja musiałem złożyć zeznania. Chodziło przede wszystkim o moich przełożonych, których jeszcze nie udało się im dopaść. Odizolowano mnie od reszty grupy, noc spędziłem w kazamatach cieszyńskiego zamku, wprost na cemencie, nie rozkuli mnie, więc mogłem leżeć tylko na boku z podkurczonymi nogami. Rano zostałem odwieziony do Warszawy na Koszykową, gdzie mieściło się Ministerstwo Bezpieczeństwa Publicznego. Tam przesłuchiwało mnie na zmianę kilku ubeków, jedni byli ci dobrzy, po ojcowsku udzielali mi rad, jak się z tego wywinąć, inni próbowali wymusić zeznania groźbami. Jeśli chodzi o mnie, to od razu się przyznałem, że jestem żołnierzem AK i wykonywałem polecenia moich przełożonych, ale wszyscy oni są już na Zachodzie. Oczywiście nie uwierzyli i zostałem odtransportowany do aresztu śledczego na Rakowiecką. Z tym miejscem miałem już styczność, ale w zgoła innych okolicznościach.

Otóż mokotowskie Więzienie Karne zostało wybudowane na początku dwudziestego wieku jeszcze przez władze carskie, na rozległym terenie powstały pawilony z celami dla więźniów, budynki gospodarcze, kaplice i szpital. Po wyzwoleniu w osiemnastym roku zaczęła się rozbudowa, tym razem zadbano o potrzeby więźniów, powstała tam szkoła, a przy niej biblioteka, wybudowano nawet salę gimnastyczną i w tej właśnie sali odbył się koncert, w którym mając lat osiem, brałem czynny udział. Ówczesny naczelnik więzienia był melomanem, nie opuścił żadnego ważniejszego wydarzenia w filharmonii i wpadło mu do głowy, aby w ramach resocjalizacji urządzić koncert dla jego podopiecznych. Wiadomo, muzyka uszlachetnia. Zwrócił się z tym do mojego ojca, z którym znali się prywatnie, a ojciec wymyślił, że zagra razem z synami. On na pianinie, Wacław na skrzypcach, ja na wiolonczeli. Mama była temu przeciwna, zrobiła nawet ojcu awanturę, że zabiera dzieci w takie miejsce! Jeszcze stanie nam się coś złego.

– Niech się uczą życia – odrzekł ojciec.

I koncert się odbył. Był to mój pierwszy i ostatni występ publiczny, początkowo czułem się spięty, tym bardziej że publiczność była nieco inna niż ta w salach koncertowych, poza tym za każdym razem, kiedy miałem solówkę, więźniowie bili brawo. Bawiło ich, że instrument jest większy od muzyka.

A potem, w pierwszym dniu Powstania Warszawskiego, koledzy z kompanii szturmowej porucznika „Kota" próbowali zdobyć to więzienie, ale napotkali silny opór, uzbrojeni po zęby esesmani mieli o wiele lepszą sytuację niż szturmujący. Ich oddział poniósł wielkie straty, wezwano nas na pomoc, bo byliśmy najbliżej, ale chcąc zająć stanowiska bojowe, musieliśmy stąpać po trupach kolegów. Ta walka, przy tak olbrzymiej przewadze Niemców, nie miała szans, zajęliśmy nawet budynek administracyjny, ale nie udało się dotrzeć do budynków penitencjarnych... wkrótce nadszedł rozkaz odwrotu.

Potem się dowiedziałem, że SS w odwecie rozstrzelało większość więźniów, i pomyślałem z żalem, że chcieliśmy im dać wolność, a przynieśliśmy śmierć.

Ponowne zetknięcie z tym więzieniem było dla mnie wielkim przeżyciem, nie tylko dlatego, że dotyczyło to mojej skromnej osoby... przebywali tutaj najwspanialsi Polacy, a ja miałem do nich dołączyć! Początkowo siedziałem w pojedynczej celi, w której odwiedził mnie osławiony kat Różański. Stałem na baczność na środku pomieszczenia, a on spacerował, rytmicznie uderzając stalową witką po cholewie buta.

– To jak będzie, panie Niemczyk, porozmawiamy po dobroci czy będziemy musieli się trochę pokłócić?

Milczałem.

– Widzę, że trzeba przywrócić panu mowę!

Uderzył mnie witką, która niczym brzytwa przecięła mi policzek.

– Więc jak, panie Niemczyk, zacznie pan mówić czy będziemy się kłócić dalej?

Nadal milczałem, więc wpadł we wściekłość i bił mnie teraz na oślep po głowie, plecach. Byłem tak opuchnięty, że nic nie widziałem. Oprawcy bali się chyba, żebym nie odszedł z tego świata za wcześnie, bo wieczorem pojawił się lekarz. Udało mu się unieść powiekę, poświecił mi w ukryte pod opuchlizną oko.

– Całe – stwierdził z ulgą.

Zrobił mi opatrunek, a kiedy wychodził, powiedział cicho:

– Jestem takim samym więźniem, trzymaj się, kolego.

I trzymałem się, jak mogłem. Byłem poniżany i bity, znosiłem psychiczne i fizyczne tortury. Różański uwielbiał zabawę w rosyjską ruletkę, przystawiał mi pistolet do głowy, wpatrując się we mnie z uśmiechem. Aby pozbawić go tej satysfakcji, tak wyćwiczyłem twarz, że gdy naciskał spust, nie drgał w niej żaden mięsień. Słyszałem suchy trzask iglicy i oczywiście brałem pod uwagę, że nagan za którymś razem wystrzeli. Nie to był mój największy kłopot, dręczyło mnie, że wprowadziłem w zasadzkę ludzi, którzy mi zaufali. Najgorszy los spotkał pana rotmistrza, wspaniałego Polaka, służącego wiernie ojczyźnie. I to była ta jego zbrodnia.

Po grze wstępnej, jaką stosował Różański, przesłuchujący przeszli do zajęć praktycznych. Kazali mi robić pompki, przysiady, urozmaicając to kopniakami, na przykład w genitalia. Bili mnie do nieprzytomności, czym popadło, nogą od stołka, żelaznym prętem. Moje ciało wyglądało jak rąbanka. Takie intensywne śledztwo trwało około pół roku, kiedy docierało do nich, że przesadzili, tortury przerywano, potrzebny im byłem żywy. Wtedy pojawiała się pierwsza dama tego krwawego królestwa, Luna Brystygierowa, przy której niemieckie oprawczynie z obozów koncentracyjnych wydają się delikatne. Wyjątkowo nie stosowała na mnie fizycznych tortur, które ponoć tak lubiła, jak przycinanie jąder ofiar szufladą... ale psychiczne. Wystarczyło, że powiedziała, iż właśnie aresztowali moją matkę... Powiesz, co wiesz, będzie wolna... Musiałem składać zeznania, i znowu, i znowu, pytali mnie na przykład często o mojego starego druha, który też służył pod generałem Andersem, Mariana Skuzę... czy on też tu siedział? Potem już rzadziej mnie wzywali, aż wreszcie dali mi spokój, chyba dotarło do nich, że żadnymi sposobami mnie nie złamią, najwyżej mogą mnie zabić. Zostałem przeniesiony do ogólnej celi, był tam tylko jeden więzień w podobnej sytuacji co ja, reszta to kryminaliści. Ale można powiedzieć, że odnosili się do nas z szacunkiem. Ten drugi trafił tutaj po tym, jak się ujawnił, był płotką w swoim oddziale i pewnie dlatego uratował głowę. Od niego się dowiedziałem, że przebywa tu rotmistrz Pilecki, a więc nasze drogi znowu się zeszły! Bardzo chciałem przesłać mu jakąś wiadomość, ale okazało się to niemożliwe, był więźniem pod specjalnym nadzorem.

Jedną z nielicznych „rozrywek" tutaj było wyglądanie przez małe, zakratowane okno na więzienne podwórze. Taki obserwator opowiadał reszcie, co widzi:

– Przywieźli głowy kapusty, pewnie będzie kapuśniak.

Albo:

– Klawisze sprzątają podwórze i dla zgrywu leją się szlauchem!

Ale były też ważniejsze rozpoznania, któryś z więźniów wypatrzył, że do domku obok słynnego X pawilonu jacyś obcy, nie ze służby więziennej, prowadzą aresztowanych i ci już tam zostają.

– Karcer czy co?

Dwudziestego piątego maja czterdziestego ósmego roku wieczorem akurat wyglądałem przez okienko, podwórze było oświetlone i wokół latarń kłębiły się ćmy, lubiłem je obserwować, to była taka namiastka normalnego życia. I nagle rozpoznałem rotmistrza Pileckiego. Szedł w towarzystwie czterech mężczyzn, dwóch wojskowych i dwóch cywilów, początkowo prowadzili go pod ręce, ale coś do nich powiedział i puścili go wolno. Potem wszyscy zniknęli za drzwiami tego domku.

Dosłownie po kilku minutach wyszło tych czterech, a wkrótce pospieszył tam więzienny lekarz, więc doszedłem do wniosku, że to izolatka.

Dopiero po latach, kiedy po raz pierwszy po ucieczce odwiedziłem Polskę, dowiedziałem się, że ten domek był miejscem straceń. Tak więc stałem się świadkiem ostatniej drogi rotmistrza Pileckiego.

Przesłuchania trwały, ale już nie byłem tak torturowany, jakby kaci zwątpili, że biciem coś ze mnie wyciągną.

Ludwik obstawał przy tym, że jedynym powodem jego wędrówek przez granicę była chęć łączenia rozdzielonych rodzin, ale przesłuchujący długo nie dawali temu wiary:

(...) w ogóle z rozmów z Niemczykiem trudno dowiedzieć się prawdy, gdyż w wielu wypadkach zapomina o czem mówił i powtarza zupełnie co innego, jednak doszłem do głębokiego przekonania, że Niemczyk był wysłany do Polski przez sztab Andersa ze specjalnym zadaniem wywiadowczym i odbyte przez niego dwie podróże z Włoch do Polski, odbyte zostały dla wykonania zadań próbnych, gdyby takowe się udały, byłby wykorzystywany już jako agent wywiadu.

Sporządził: Sosnowski, por.

dn. 24 kwietnia 1947r.

S t r e s z c z e n i e.

Niemczyk Ludwik opowiada o swym pobycie we Włoszech i nawiązanych stosunkach ze sztabem Andersa. Niedwuznacznie nadmienia o współpracy z "sekcją bezpieczeństwa II korpusu". Z rozmowy prowadzonej z Niemczykiem, o jego zdobytych podróżach do Polski, można domyśleć się, że Niemczyk przyjeżdżał ze specjalnym zadaniem zbierania informacji. Przy okazji wywiózł z kraju zagranicę brata swojego i innych "Żebków". Wyraźnie nadmienia, że podróże jego .... są wielką tajemnicą. Nieraz mówi, iż niełatwą sprawą będzie Bezpieczeństwu rozwiązać jego zagadkę, albowiem ma dobre alibi.

Przede wszystkim stwierdza przed oficerem, że posiadał bardzo mało pieniędzy przy pierwszej podróży do Polski, gdyż zaledwie sto kilkadziesiąt dolarów, co udowadnia świadkami, a między innymi powołuje się na Skuzę Mariana. Przy drugiej podróży, stwierdza przed oficerem, że również mało ze sobą posiadał pieniędzy, lecz nie wydaje się, że posiadał ze sobą towarów na kilka tysięcy dolarów, które częściowo spieniężył.

Nadmieniał w rozmowie, że gdyby w kraju zabrakło jemu pieniędzy, to ma "meliny", gdzie mógł by otrzymać każdą ilość pieniędzy. Cel przyjazdu do Polski, Niemczyk podaje wywiezienie brata przede wszystkim, a następnie rodzinę brata i przy okazji rodziny swych przyjaciół, jednak dużo mówi o nawiązywaniu znajomości i interesowaniu się o życiu politycznym w Polsce Demokratycznej, a nie mówi w jakim celu potrzebne mu były te wiadomości. Wychwala stosunki i warunki bytu w państwach zachodnich, a krytykuje Polskę.

W ogóle z rozmów z Niemczykiem trudno dowiedzieć się prawdy, gdyż w wielu wypadkach zapomina się o czem mówił i powtarza zupełnie co innego, jednak doszłem do głębokiego przekonania że Niemczyk był wysłany do Polski przez sztab Andersa ze specjalnym zadaniem wywiadowczym i odbyte przez niego dwie podróże z Włoch do Polski, odbyte zostały dla wykonania zadań próbnych. Gdyby takowe udały się, byłby wykorzystany już jako agent wywiadu.

Niemczyk jest bardzo ostrożny w zwierzaniu się i nadmieniał, że jest ostrzeżony o przebywaniu w celach "kapusi".

sporządził: Sosnowska

wyk. w 5 egz.

I.S.

Ale odkryłam też inne głosy w sprawie mojego bohatera:

6 kwietnia 1948 r.
Oficer śledczy Ministerstwa Bezpieczeństwa Publicznego w Warszawie por. Studziński Józef, rozpatrzywszy materiały śledztwa w sprawie p-ko Niemczykowi Ludwikowi

----

Ustalił, że:

Śledztwo nie dostarczyło materiału dowodowego wskazującego na popełnienie przez Niemczyka Ludwika przestępstwa z art. 7 dekr. Z dnia 13.VI. 1945 r. i nie ma widoków, aby dalsze prowadzenie śledztwa dostarczyło takich dowodów.

Postanowił

Śledztwo przeciwko Niemczykowi Ludwikowi umorzyć.

Postanowienie niniejsze wraz z aktami sprawy przekazać do Naczelnej Prokuratury celem zatwierdzenia.

Oficer Śledczy MBP
Studziński por.

"ZATWIERDZAM"
DYREKTOR DEP. ŚLEDCZEGO M.B.P.

o umorzeniu śledztwa.

Warszawa, dnia 6 kwietnia 1948 r.

Oficer Śledczy Ministerstwa Bezpieczeństwa Publicznego w Warszawie por. Studziński Józef, rozpatrzywszy materiały śledztwa w sprawie p-ko:

Niemczykowi Ludwikowi s. Władysława, ur. 14.8.1921 r. w Warszawie, Polakowi, kawalerowi, wykszt. średniego, ostatnio zam. Warszawa ul. Puławska 130 - 16, podejrzanemu o działalność szpiegowską na szkodę Państwa Polskiego

u s t a l i ł, ż e :

Niemczyk Ludwik w okresie po zakończeniu powstania warszawskiego wywieziony został na teren Rzeszy, gdzie przebywał w obozach jenieckich do chwili wyzwolenia go przez wojska sprzymierzone. Jesienią 1945 r. wyjechał na teren Włoch, gdzie na terenie obozu cywilnego w Barletta, pełnił funkcję inspektora wychowania fizycznego do lipca 1946 r. Od lipca 1946 r. do dnia zatrzymania go tj. 13 grudnia 1946 r. wspólnie z agentem wywiadu sztabu II korpusu Andersa Skutą Damianem zajmował się nielegalnym przerzutem rodzin oficerów II korpusu z Polski na teren Włoch, dwukrotnie w tym celu przyjeżdżając do Polski.

Zważywszy, że śledztwo nie dostarczyło materiału dowodowego wskazującego na popełnienie przez Niemczyka Ludwika przestępstwa z art. 7 Dekr. z dn. 13.VI.1946 r. i że nie ma widoków, aby dalsze prowadzenie śledztwa dostarczyło takich dowodów

p o s t a n o w i ł:

1. Śledztwo przeciwko Niemczykowi Ludwikowi umorzyć.
2. Postanowienie niniejsze wraz z aktami sprawy przekazać do Naczelnej Prokuratury W.P. celem zatwierdzenia.

Oficer Śledczy M.B.P.
(-) Studziński, por.

"Zgadzam się"
Naczelnik II Wydz. Dep. Śled. M.B.P.

(-) H u m e r, mjr

wyk. w 3 egz. (I.)

v e r t e

Pięć dni później na biurku płk. Różańskiego pojawiło się inne pismo:

Do Dyrektora Departamentu Śledczego MBP
płk. Różańskiego

W odpowiedzi na wasze pismo Nr.2485/ z dn. 10.IV.48 roku w sprawie Niemczyka Ludwika s. Władysława uważam, że śledztwo w/w należy umorzyć zważywszy, że rezultaty śledztwa w czasie rocznego pobytu Niemczyka w areszcie nie dostarczyły dowodów jego działalności wywiadowczej, zaś fakt nielegalnego przekraczania granicy - odbył karę w postaci długotrwałego przebywania w więzieniu.

Dyrektor Dep. 1-go MBP
Jastrzębski, ppłk

Ściśle tajne.

Cieszyn, dn. 19.XII.46 r.

PROTOKÓŁ

konfrontacji zatrzymanych, - Aliny Kopczyńskiej i Niemczyka L.

/ personalia w aktach/.

KOPCZYŃSKA Alina

Pyt: - Czy poznajecie tego naprzeciw siedzącego człowieka?

Odp: - Owszem, poznaję, jest to mój znajomy Niemczyk Ludwik.

Pyt: - Proszę powiedzieć do kogo należą wiersze (Odp. M. Hemara) i skąd znalazły się u pani w mieszkaniu?

Odp: - W sobotę dn. 14.XII.46 r. przywiózł te wiersze Niemczyk Ludwik i czytał je wieczorem w obecności matki mojej Stanisławy Pyzalskiej, ciotki - Borek Marii, Leona Niemczyka byłam przy tym i ja także.

Pyt: - Skąd pochodzą w/w wiersze i co o tym opowiadał Lutek Niemczyk?

Odp. - Nie pytałam o to Lutka Niemczyka i nie mam najmniejszego pojęcia o ich pochodzeniu.

Pyt: - Co pani może powiedzieć o wyjątkach z polskich pism przedwojennych?

Odp: - Recenzje z książek [illegible]ad. Domeryka leżały u mnie w książkach jeszcze z przed wojny i dokument ten ma dziesięcioletnią dawność.

NIEMCZYK Ludwik

Pyt: - Czy poznajecie naprzeciw siedzącą kobietę?

Odp: - Naturalnie, jest to moja dobra znajoma z lat dziecinnych z W-wy - Alina Kopczyńska.

Pyt: - Proszę odpowiedzieć do kogo należą wiersze (odp. M. Hemar i skąd znalazły się one w mieszkaniu Kopczyńskiej?

Odp: - Przyznaję się że na wczorajszym przesłuchaniu świadomie kłamałem celem wprowadzenia w błąd i zawikłania całej sprawy, zwaliłem całą winę na zupełnie niewinną kobietę. Zrobiłem to wskutek załamania się i strachem ~~prz~~ przed odpowiedzialnością za przechowanie i rozpowszechnienie ant. państwowej literatury.

Pyt: - Skąd pochodzą w/w wiersze?

Odp: - Otrzymałem te papiery z Augsburgu od JEZIERSKIEGO Stan. mojego znajomego w Ośrodku Polskim w Augsburgu. Tam również otrzymałem wiersz studentów ~~przez~~ lwowskich oraz wyjątki z polskich pism przedwojennych.

Pyt: - Z jakiej racji zatem wprowadzacie śledztwo w błąd mówiąc iż wyciągi owe otrzymane są przez was w Augsburgu?

Protokół konfrontacji sporządziłem dn. 19.XII.46 r. o godz. 14,12 w P.U.B.P. Cieszyn w obecności pr. o. [illegible] Szmaiza.

Konfrontację przeprowadził:

Referent Wydz. II Dep. I MBP.
Zbikiewicz Fryd., ppor.

Ale płk. Różański nie był skłonny pozbyć się swojej ulubionej rozrywki, jaką były pogawędki z więźniem Niemczykiem Ludwikiem, przerywane od czasu do czasu wymyślnymi torturami. Akta Ludwika utknęły w szufladzie jego biurka...

Wyszedłem na mocy amnestii w pięćdziesiątym pierwszym roku. Bogna czekała na mnie przed więzienną bramą wraz z innymi kobietami, które przyszły po swoich mężów. Przez te kilka lat pisaliśmy do siebie listy, wiedziałem więc, co z nią, jak sobie radzi, ale nie mogłem jej dotknąć, przytulić. Długo nic do siebie nie mówiliśmy. Gładziła mnie po twarzy, po włosach.

– Wik, jak ty posiwiałeś...

Pierwszy dzień wolności spędziłem na Żoliborzu, w otoczeniu bliskich. Matka Bogny cały czas ocierała łzy, aż córki ją ofuknęły:

– Mamo, zamiast się cieszyć, ty płaczesz!

– Bo Wik jest taki chudy, musimy go odkarmić!

Potem na kilka dni pojechałem do Wrocławia zobaczyć się z mamą i braćmi, wiedziałem z listów Bogny, że Leoś dość szybko wyszedł na wolność. Na widok mamy serce mi się ścisnęło, zamiast energicznej, pełnej życia kobiety zastałem siwą, zgarbioną staruszeczkę. Ręka jej się trzęsła, kiedy dotykała mojej twarzy.

– Synku, jaki ty jesteś mizerny! Musisz teraz dużo jeść i spać!

– Nic mi nie dolega, mamo, trochę mnie tylko zmogło powietrze, wokół jest tyle powietrza!

Leosia nie zastałem, okazało się, że został aktorem, co mnie wcale nie zdziwiło, od początku miał ku temu predyspozycje. Chciałem go odwiedzić, ale kiedy mama do niego zadzwoniła, nie podszedł do telefonu. Później poprosił, aby mi przekazać, że jest teraz w rozjazdach, zadzwoni do mnie na Żoliborz. Nie zadzwonił. Bogna mi potem powiedziała, że przez te lata ani razu się do niej nie odezwał, co się z nim dzieje, dowiadywała się od naszej mamy.

– Może ma ciągle żal do mnie – powiedziałem.

– Ma żal! – wybuchnęła. – Był dorosły, wiedział, co robi.

– Ale to ja wprowadziłem go w pułapkę.

– Wyjdź wreszcie z tego poczucia winy! Twój Leoś to egoista i egocentryk, nikt go nie obchodzi poza nim samym.

– To się trochę wiąże z jego zawodem – broniłem brata.

– Na pewno, ale jak siedziałeś w więzieniu i twoja mama potrzebowała opieki, nie kiwnął palcem, przywieźliśmy ją tutaj, pół roku była z nami. Wiesz, jaki Robert jest bezradny...

Jej słowa mną wstrząsnęły.

– Dlaczego nic mi nie napisałaś?

– Po co cię miałam martwić? I tak nie mogłeś pomóc.

– A co było mamie?

– Miała silną anemię i bardzo osłabione serce, lekarz zalecił jej leżenie w łóżku.

Po wyjściu starałem się odszukać mojego druha Mariana Skuzę, do którego miałem słabość, wybaczałem mu te jego różne kłamstewka, bezzwrotne pożyczki i tak dalej. Tyle że raz pytano mnie podczas śledztwa o niego, może i jego objęła amnestia, bo chyba nie leży w kwaterze na łączce obok rotmistrza Pileckiego... Skuza miał w sobie jakąś fantazję, której mnie brakowało. Zawsze traktowałem wszystko z powagą, szczególnie kiedy ode mnie zależały losy moich podopiecznych. Marian, chociaż starszy ode mnie o cztery lata, wydawał się trochę jak mój młodszy brat.

Nikt nic o nim nie wiedział, ostatnio widzieliśmy się w Ankonie, kiedy wybierałem się do Polski. Może po wojnie został na Zachodzie? Może wyemigrował do Ameryki, bo w Londynie na pewno go nie było.

Kiedy tylko zamknęła się za mną więzienna brama, zacząłem się zastanawiać, w jaki sposób mógłbym z tego bolszewickiego kraju uciec. To ciągle była moja Polska, którą kochałem i o którą walczyłem, ale teraz zabrakło dla mnie tu miejsca. Zwierzyłem się z tego Bognie.

– A co będzie ze mną? Z nami?

– Jeśli szczęście mi dopisze, ściągnę cię do siebie.

– Nie! – odpowiedziała twardo. – Albo uciekniemy razem, albo zatrzymam cię siłą.

Granica południowa nie wchodziła w grę, teraz mysz by się tamtędy nie prześlizgnęła. Pozostawał więc Bałtyk, a jedyna możliwa trasa ucieczki prowadziła przez Świnoujście do Ahlbecku w Niemczech Wschodnich. Stamtąd można było dotrzeć do Berlina, który był wolnym miastem. Ale do Świnoujścia można było wejść, tylko mając przepustkę albo skierowanie na wczasy.

Jacek, mąż Kotki, mógłby takie skierowanie załatwić. Pracował w Ministerstwie Transportu, a ponieważ był świetnym chirurgiem, często leczyli się u niego wysoko postawieni towarzysze.

– Porozmawiam z Kotką – zaofiarowała się Bogna.

Następnego dnia siostry stanęły przede mną, wyglądały jak dwie dziewczynki, które nabroiły, ale wcale tego nie żałują.

– O co chodzi?

– My też chcemy iść z wami – zaczęła Kotka.

– My to kto? – spytałem, piorunując Bognę wzrokiem.

– Ja i Jacek.

– A on o tym wie?

– No... jeszcze nie wie, ale na pewno się zgodzi – brnęła dalej.

– To nie jest wycieczka turystyczna, ale śmiertelne ryzyko, które ja i Bogna zdecydowaliśmy się podjąć. My już przeszliśmy przez piekło i jesteśmy świadomi, na co się decydujemy.

– A ja tu byłam na wczasach? Tak? – Dąsała się Kotka.

– Nie gniewaj się, ale do tego trzeba mieć kondycję, o życiu lub śmierci mogą zadecydować nawet minuty.

– I Bogna ma taką kondycję z żelazem w plecach... – palnęła. – Przepraszam, ja nie chciałam...

– W porządku, niech Jacek zadecyduje za was – stwierdziłem.

Konstancja popatrzyła na siostrę:

– Twój mąż to męski szowinista!

– Jacek jest lekarzem – poparła mnie żona. – Zna cię najlepiej, jesteś cudownym motylkiem, który, kiedy tylko wiatr zawieje, składa skrzydełka. Pamiętasz wyprawę na Giewont, odpadłaś w połowie drogi!

– Ale kiedy to było!

Jackowi, o dziwo, spodobał się pomysł. Był zdolnym lekarzem, mógłby zrobić na Zachodzie karierę i świetnie zarabiać, a tutaj, ze swoją „reakcyjną" przeszłością, mógł co najwyżej być szeregowym „rzeźnikiem", akademickie salony, dyrektoraty szpitali czy ordynatura były przed nim zamknięte...

Zaczęliśmy się przygotowywać do wyprawy. Trzeba było zdobyć na tyle duże dętki, najlepiej od ciężarówki, by dało się w nich schować ubrania i dokumenty. Przez kilka godzin będziemy musieli przebywać w wodzie, zanurzeni po szyję. Miałem znajomego na Pradze, który był w stanie załatwić wszystko, więc po kilku dniach dętki się znalazły.

W czasie tych przygotowań targały mną sprzeczne uczucia. Entuzjazm wyłączył zdrowy rozsądek i chyba tylko ja zdawałem sobie sprawę, jakie podejmujemy ryzyko. W lipcu temperatura Bałtyku wynosi około szesnastu stopni Celsjusza, w takiej temperaturze człowiek może przeżyć od dwóch do pięciu godzin. Usiłowałem im to uświadomić, ale za każdym razem zostawałem zakrzyczany.

– A od czego mamy lekarza – stwierdziła Kotka. – Będzie nas reanimował.

Była jeszcze jedna sprawa, w razie wpadki, jako recydywista, zapłaciłbym głową, ich też spotkałyby nieprzewidywalne konsekwencje. Jednak decyzje zostały podjęte i trzeba było teraz skupić się na tym, aby nie popełnić żadnego błędu.

Pojechałem do Wrocławia, pożegnać się z mamą i Robertem, Leoś znowu był nieuchwytny, z grupą teatralną jeździł po Polsce.

– Synku, czy ty jesteś pewny, że dobrze robisz? – spytała mama.

– Tutaj już nie umiałbym żyć.

– A tam myślisz jest lepiej, sami obcy ludzie.

– Mamo, tam jest wolny świat!

Pokiwała ze smutkiem głową. Ona wiedziała, że już się nie zobaczymy.

Dramatyczne sceny rozegrały się na Żoliborzu, teściowa traciła naraz obie córki, były łzy, prośby i groźby, ale w końcu pogodzenie się z tym, co nieuchronne. Młodsza od mojej mamy i zdrowsza, mogła mieć nadzieję, że się jeszcze zobaczą. Jacek z rodziną wcale się nie pożegnał, nie ufał swojemu szwagrowi, więc okłamał ich, że jadą z Kotką na urlop.

Dwudziestego piątego lipca o godzinie osiemnastej weszliśmy na most łączący Świnoujście ze stałym lądem. Żołnierz z budki strażniczej długo przeglądał nasze skierowania, trochę to nas zaniepokoiło, więc Jacek wkroczył do akcji:

– Coś nie tak? – spytał lekko poirytowanym tonem.

– Gdzie pracujecie? – warknął tamten.

– W Ministerstwie Transportu!

To podziałało, oddał skierowania, ale zażądał otwarcia bagaży, z miejsca zainteresował się dętkami. Jacek z kamienną twarzą wyjaśnił, że będziemy na nich pływać, w końcu jedziemy na wakacje. Pierwsza przeszkoda została pokonana. Starając się znaleźć dojście do Bałtyku w najbardziej ustronnym miejscu, dotarliśmy do karłowatego lasku, za którym połyskiwało morze. Okazało się, że to ewangelicki cmentarz. Tam urządziliśmy coś w rodzaju pożegnalnej kolacji. Jacek zagwizdał nawet fragment „Pożegnania ojczyzny" Ogińskiego. I nagle wszyscy zamilkliśmy. Oto stawaliśmy się wygnańcami. Ale zaraz powrócił nastrój pikniku, dziewczyny przekomarzały się z Jackiem, tylko ja byłem spięty, dotarło do mnie, do jakiego stopnia oni nie są świadomi tego, na co się porywamy.

Bogna zadała mi pytanie:

– Wik, a jaka będzie woda w morzu, ciepła?

– Będzie bardzo zimna – odpowiedziałem.

– Damy radę – odrzekła pełna entuzjazmu.

O godzinie dwudziestej trzeciej z minutami ogłosiłem wymarsz. Włożyliśmy do dętek tylko niezbędne rzeczy, resztę zapakowaliśmy do walizek, a walizki starannie ukryliśmy pod stertą żerdzi, aby ich zbyt wcześnie nie odkryto.

Już w chwili wejścia do morza przyszło pierwsze otrzeźwienie, przeżyliśmy wszyscy szok termiczny, bo powietrze było dużo cieplejsze od wody. W dodatku zarządziłem, aby z miejsca wejść głębiej, nad powierzchnię mogły wystawać tylko czubki naszych głów, inaczej by nas namierzyli.

O Jacka byłem spokojny, był świetnie zbudowanym, silnym mężczyzną, gorzej z dziewczynami, w warunkach wychłodzenia o przetrwaniu decyduje przecież masa ciała. Bogna lepiej sobie dawała radę od siostry, Konstancja bardzo szybko zaczęła zostawać z tyłu, więc upomniałem Jacka, aby jej pomagał. Obaj mieliśmy grunt pod nogami, co ułatwiało poruszanie się w wodzie, one musiały chwilami płynąć. Po pół godzinie Kotka oświadczyła, że jest jej zimno i chociaż na chwilę musi wyjść na brzeg.

– Nie możesz!

– Muszę – odparła, szczękając zębami.

W tej sytuacji wziąłem ją na plecy, wkrótce Jacek i Bogna zaczęli nas znacznie wyprzedzać, więc zawołałem, aby się za bardzo nie oddalali. Przy większej fali moglibyśmy się pogubić.

Po godzinie wszyscy zwolniliśmy, co mogło się okazać bardzo niebezpieczne. Czułem, że powinienem ich jakoś zmobilizować, więc poprosiłem Jacka, aby teraz on zaopiekował się Kotką, i wysunąłem się naprzód. Silny wiatr od strony morza spychał nas do brzegu i był to dodatkowy wysiłek, aby się utrzymać na kursie. W ciągu dnia pogoda była słoneczna, teraz wiatr napędził chmury, które zasłoniły księżyc i morze zamieniło się w czarną otchłań. Było to dla nas korzystne, bo stawaliśmy się mniej widoczni, ale fatalnie działało na psychikę. Słyszałem, jak Kotka namawia Jacka, aby zawrócić, zląkłem się, że jej ulegnie, więc poczekałem na nich.

– Nie ma już drogi powrotu, za nami jest tylko śmierć! – powiedziałem.

– Przed nami też – odrzekła, szczękając zębami.

Przeraziłem się, bo nie mogłem dostrzec głowy Bogny nad powierzchnią, okazało się, że wyprzedziła nas o spory kawałek. Walczyła z falami bez słowa skargi, ale w trzeciej godzinie zaczął się prawdziwy dramat, wszyscy znaleźliśmy się na granicy przetrwania.

– Stary, możesz mnie zmienić – poprosił Jacek. – Nie czuję pleców.

Konstancja była na wpół przytomna, kurczowo wczepiła się we mnie, co bardzo utrudniało mi poruszanie się, po jakimś czasie zawołałem więc do Jacka, aby mi pomógł, ale przestał odpowiadać i coraz szybciej się od nas oddalał.

– Zapomniał, że ma żonę – stwierdziła Bogna. – Może ja ją teraz wezmę?

Oczywiście się nie zgodziłem, zdawałem sobie sprawę, że o naszym życiu może zadecydować ostatnie kilkaset metrów. Byłem skostniały, wydawało mi się, że moje ciało, powiększone do monstrualnych rozmiarów, zamiast krwi wypełnia lodowata woda. W pewnym momencie chciałem już tylko uwolnić się od Kotki, oderwać od siebie jej szpony, tym bardziej że na nic już nie reagowała i wyglądało na to, że ją straciliśmy. Powstrzymałem się jednak, bo Bognę mogło to załamać i przestałaby o siebie walczyć.

Jacek był już na brzegu, a my ciągle walczyliśmy z falami, które nas cofały, chwilami traciłem poczucie rzeczywistości, wydawało mi się, że ląd zamiast się przybliżać, oddala się i zmierzamy w stronę otwartego morza. W pewnym momencie poczułem, że fale przestają stawiać opór i stwierdziłem, że stoję po kolana w wodzie. Obejrzałem się na Bognę, była tuż za mną. Pomogła mi zdjąć z pleców Kotkę, która zrobiła się tak ciężka, że we dwoje nie mieliśmy siły wyciągnąć jej na brzeg, leżała więc do połowy zanurzona w wodzie.

Przyzywaliśmy jej męża, ale bez skutku.

– Jacek! – krzyczała Bogna. – Twoja żona potrzebuje pomocy! Do cholery, jesteś lekarzem!

Nie reagował, więc poszedłem po niego. Zdążył się już ubrać, ale wyglądał jak kupa nieszczęścia, trząsł się cały, bełkocząc:

– Nigdy nie wejdę do wody... przenigdy... zabijcie mnie, ja tam nie pójdę...

Zmusiłem go, aby jednak poszedł, co prawda słaniając się na nogach. We trójkę udało nam się wyciągnąć Kotkę na piasek, poszukał pulsu, potem posłuchał serca i oświadczył:

– Już po niej, nie żyje!

Spodziewałem się tego, a jednak te słowa mnie zmroziły, Bogna wpadła w histerię, potrząsała siostrą:

– Kotka, obudź się! Ty żyjesz! Ty musisz żyć! Pomóż jej – zwróciła się Jacka. – Ty jeden możesz jej pomóc!

– Jej nikt nie może pomóc! Mam reanimować trupa?!

Po tych słowach Bognie opadły ręce, siedziała nieruchomo obok siostry.

Jacek zostawił nas, a mnie w końcu udało się namówić żonę, aby się ubrała. Moja dętka okazała się nieszczelna i część rzeczy zamokła, w tym pieniądze, za które mieliśmy kupić bilety z Ahlbecku do Berlina. Szczękając zębami, włożyłem spodnie, gorzej było z koszulą, ociekała wodą, Bogna dała mi sweter, w tajemnicy zapakowała go na zapas, a tak się awanturowałem, że zabiera za dużo ciuchów...

Nie mogliśmy zostawić ciała Konstancji na brzegu, bo szybko zostałoby odnalezione i urządzono by na nas obławę. We dwoje dowlekliśmy je więc do stacji. Przed dworcowym budynkiem siedział na ławce Jacek, miał nisko zwieszoną głowę i wyglądał, jakby też już nie żył. Okazało się, że śpi. Położyliśmy zwłoki Kotki na ziemi, a sami usiedliśmy obok niego, to była jedyna tutaj ławka.

– Zdrzemnij się, ja będę czuwał – powiedziałem do Bogny, oparła głowę o moje ramię, przymknęła oczy i natychmiast zasnęła.

Zastanawiałem się, co zrobić z ciałem jej siostry, trzeba było gdzieś je ukryć. Niedaleko torów dostrzegłem majaczącą w mroku drewnianą szopę i postanowiłem sprawdzić, co jest w środku. Drzwi były zamknięte tylko na skobel, więc bez trudu je sforsowałem. Okazało się, że to skład podkładów kolejowych, tutaj można bez problemu ukryć zwłoki. Zanim je znajdą, my już będziemy daleko. Tylko... żeby Bogna się na to zgodziła. Wracałem środkiem torów i przypomniała mi się scena z dzieciństwa, kiedy starałem się przeskoczyć z jednego podkładu na drugi, niestety moim kilkuletnim nogom się to nie udawało... Jak to było dawno... świat tak bardzo się zmienił, a ten mały chłopiec, którym wtedy byłem, na pewno nie umiałby się w nim odnaleźć. Dla dorosłego też było to bardzo trudne.

Z daleka zobaczyłem, że Bogna i Jacek pochylają się nad zwłokami Konstancji, kiedy podszedłem bliżej, nie mogłem uwierzyć własnym oczom. Ona żyła! Krztusiła się, wymiotowała morską wodą... i żyła!

Jej mąż klęcząc przy niej, powtarzał w kółko:

– Kochanie, co za szczęście! Odzyskałem cię! Ty żyjesz!

W pewnej chwili Konstancja otworzyła oczy i powiedziała całkiem przytomnie:

– Ja wszystko słyszałam, odejdź!

Radość z jej nagłego zmartwychwstania przytłumił problem pieniędzy, które nie nadawały się do użytku, a jazda na gapę była w naszej sytuacji wielce ryzykowna, w dodatku Konstancja nie prezentowała się najlepiej, wyglądała jak... topielica. Zdecydowałem się wtedy spieniężyć złotego schaffhausena, do którego byłem bardzo przywiązany, ale skoro miał uratować życie czworga ludzi...

I tak się stało, dotarliśmy do Berlina, jakiś przechodzień wskazał nam drogę do sektora amerykańskiego. Znaleźliśmy tam schronienie w Domu Czerwonego Krzyża. Ja z kobietami w jednym pokoju, Jacek osobno. To były trudne chwile dla nas wszystkich, siostry nie były w najlepszej kondycji fizycznej i psychicznej. Pracownice tego domu proponowały im nawet wizytę u psychologa, ale odmówiły. Kotka, kiedy sądziła, że śpimy, płakała całe noce. Kochała bardzo swojego męża i nagle okazał się kimś... osobnym i obcym. Czynił zresztą próby zbliżenia się do niej.

Kiedy spotkałem Jacka na korytarzu, poprosiłem, aby dał żonie spokój. Nie chce mieć z nim nic wspólnego.

Spojrzał na mnie lodowato:

– Panie Niemczyk, Berlin jest dla nas za mały.

A ja mu odpowiedziałem:

– Panie doktorze, Europa jest dla nas za mała!

I były to słowa prorocze, bo zdecydowaliśmy się emigrować do Kanady, mówię tu o naszej trójce, o dwóch siostrach i o mnie. W międzyczasie zainteresowały się nami służby, amerykańskie i angielskie. Zostałem zaproszony na rozmowy. Wyspiarze z tą swoją angielską flegmą nie wykładali od razu kart na stół, ale wiadomo było, o co chodzi, chcieli mnie zaprosić do współpracy.

Wypytywali, jakie mamy dalsze plany, czy nie myślimy o osiedleniu się w Anglii. Mój brat Wacław Niemczyk, wybitny wirtuoz, jest tam ważną osobistością, został nawet zaproszony do królowej na herbatkę... ja i moja żona możemy bez problemu dostać wizy w ramach łączenia rodzin...

Spytałem Bognę o zdanie w tej sprawie.

– Chcesz jechać do tych zdrajców? To przez nich tu teraz koczujemy! A jak potraktowali naszych lotników, którzy im uratowali tyłki! A wojska lądowe, a marynarka... Nawet ich nie zaprosili na defiladę zwycięstwa!

– Jestem tego samego zdania – odrzekłem.

Amerykanie byli bardziej konkretni, zaproponowali mi pracę w CIA, jako doradcy w sprawach Europy Wschodniej. Oczywiście wizy dla mnie i rodziny, mieszkanie i godziwe wynagrodzenie.

– Jest pan odważnym człowiekiem – usłyszałem. – Bronił pan swojej ojczyzny przed Niemcami, a teraz z narażeniem życia musiał pan uciekać ze swojego kraju. Ameryka potrzebuje takich ludzi!

Powtórzyłem tę rozmowę Bognie.

– CIA chce z ciebie zrobić agenta, mógłbyś się na to zgodzić?

– Raczej nie – odrzekłem niepewnie.

Ameryka bardzo mnie pociągała, to wspaniały kraj, dający wiele możliwości.

– Jeśli nie Anglia i nie Ameryka, to zostajemy tutaj?

Pokręciła głową.

– Tylko Kanada!

Wystąpiliśmy wszyscy troje o wizy kanadyjskie, no i po roku oczekiwania jedynie mnie spotkało to szczęście. Umówiliśmy się więc, że pojadę pierwszy, a potem do siebie ściągnę obie siostry.

Jacek postanowił zostać w Berlinie, jako lekarz bardzo szybko znalazł dobrze płatną pracę i wynajął mieszkanie. Myślałem o nim, był silnym fizycznie mężczyzną, świetnym chirurgiem, który z natury rzeczy musiał mieć odporną psychikę, a w momencie próby, kiedy śmierć zajrzała mu w oczy, załamał się. Tak naprawdę to było mi go po ludzku żal, ciągle miałem przed oczyma scenę, jak trzęsąc się z zimna, siedział na plaży i miał pustkę w oczach. A przecież kochał swoją żonę, byli bardzo dobrym małżeństwem, które w tej jednej chwili rozpadło się jak domek z kart.

Przybyłem do Kanady wraz z grupą emigrantów, urzędy imigracyjne zostały wówczas zalane tysiącami podań o stały pobyt, ja też takie złożyłem. Kanada przyjmowała tylko ludzi psychicznie i fizycznie zdrowych, więc z tym nie miałem kłopotu, ale gdybym był Polakiem urodzonym w Anglii, dostałbym wizę w ciągu miesiąca, a tak naczekałem się i jako uchodźcę politycznego zza Żelaznej Kurtyny prześwietlano mnie z każdej strony. Czy nie należałem do jakiejś zakazanej organizacji, na przykład komunistycznej, co było zupełnym idiotyzmem, bo ja przecież przed komunistami tu uciekłem. W ankiecie znalazł się też punkt o wwożeniu zwierząt, a raczej o niewwożeniu, a już całkiem humorystyczne było ostrzeżenie zabraniające wwożenia rudych wiewiórek pod groźbą wydalenia z terenu Kanady, gdyż żyją tu głównie wiewiórki szare i czarne, więc takie krzyżówki nie byłyby wskazane. Napisałem w liście do Bogny, aby pod żadnym pozorem nie zabierała ze sobą w podróż do Kanady rudej wiewiórki! Nie bardzo rozumiała, o co mi chodzi.

Kanadyjczycy obawiali się też przeniesienia z Europy prostytucji na ich teren, więc kobiety samotne prześwietlane były z każdej strony. Słyszałem też o takim przypadku, że od grupy młodych kobiet z Europy, które przyjechały tu na kontrakt, zażądano zaświadczeń, że są dziewicami. Od razu pomyślałem o Kotce, którą, jako kobietę samotną, niedziewicę, trudno tu będzie sprowadzić. Uchowały się też anachroniczne przepisy, zobowiązujące przybyszów, których sponsorował rząd kanadyjski, a ja do takich należałem, do podpisania z miejsca kontraktu robotnika rolnego. Wychowany w dużym mieście o pracy na roli nie miałem zielonego pojęcia, czekało mnie więc trudne zadanie. Dostałem adres farmy, na którą powinienem się zgłosić, i wyruszyłem tam autostopem, chcąc zaoszczędzić ostatnie kilka dolarów. Musiałem dotrzeć z Montrealu aż pod granicę kanadyjsko-amerykańską, gdzie w prowincji Saskatchewan mieszkali farmerzy, u których miałem się stawić do pracy.

Sądziłem, że ten rozległy kraj pokrywają głównie lasy, jako młody człowiek zaczytywałem się w książkach podróżniczych, „Kanada pachnąca żywicą" Arkadego Fiedlera należała do moich ulubionych. Postać Stanisława, Polaka, emigranta jak ja, wiodącego życie trapera, działała na moją wyobraźnię, a opisy spotkań z Indianami sprawiły, że bardzo ich polubiłem i kto wie, czy moja późniejsza decyzja związania z nimi swoich losów nie wywodzi się z tej lektury.

W prowincji Saskatchewan, do której trafiłem, kilometrami ciągnęły się pola uprawne, wszędzie szachownice różnych odmian zbóż i pastwiska, na których pasło się bydło. Do Reginy, stolicy stanu, udało mi się dojechać różnymi okazjami, ale dalej musiałem wybrać autobus. Właścicielka farmy czekała na mnie na przystanku. Była to starsza pani o ujmującym wyglądzie, na wstępie powiedziała, że jej mąż od dawna nie żyje, a dwóch jej synów nie wróciło z wojny, gospodarzy tu z córką i synową i pomoc mężczyzny bardzo im się przyda. Nie chciałem jej wyprowadzić z błędu, ale i tak wkrótce miała się przekonać, ile jestem wart jako robotnik rolny.

Panie zajmowały się głównie uprawą żyta i pszenicy. Mary, córka właścicielki, zaprowadziła mnie do czegoś w rodzaju elewatora czy spichrza, nabrała trochę ziaren na dłoń i spytała, czy wiem, co to za zboże, niestety, nie potrafiłem odpowiedzieć.

– Tak myślałam – odrzekła z uśmiechem.

Była mocno zbudowana, wyższa ode mnie o pół głowy. Nosiła kraciaste flanelowe koszule i farmerskie dżinsy na szelkach, stawiała też tak duże kroki, że często nie mogąc za nią nadążyć, musiałem podbiegać, co działało bardzo źle na moją męską ambicję. Mary z wprawą prowadziła kombajn, który wykonywał niemal wszystkie konieczne czynności, nawet wiązał snopki. Ja tylko jej nieudolnie asystowałem.

Panie były bardzo wyrozumiałe, stwierdziły, że i tak jest nieźle, bo przede mną był tu emigrant z Węgier, który w swoim kraju wykładał filozofię na uniwersytecie i mało, że miał dwie lewe ręce do roboty, to w dodatku był alergikiem, więc w porze kwitnienia zbóż ciągle trzeba było jeździć do apteki po lekarstwa dla niego.

Na farmie spędziłem może pół roku. Przyjechał wtedy z Montrealu brat pani Costy, tak nazywała się właścicielka, który miał firmę specjalizującą się w budowie mostów i zaproponował, że mnie zatrudni. Praca miała być niebezpieczna i ciężka, ale nieźle płatna. Natychmiast się zgodziłem, panie też temu przyklasnęły, chociaż martwiły się, że nie będą miały czwartego do brydża.

Szef postanowił od razu rzucić mnie na głęboką wodę, w dosłownym sensie, bo miałem zacząć pracę przy budowie mostu przez rzekę. Przedstawił mnie młodemu mężczyźnie, który był kierownikiem budowy i miał mnie przyuczyć do zawodu. Dziwiłem się, że tak młody człowiek kieruje dwustuosobową załogą, tutaj jedna fałszywa decyzja mogła spowodować nieobliczalne skutki. Okazało się, że tym kierownikiem jest Polak, jego rodzina wyemigrowała do Kanady na kilka lat przed wojną. Konrad, bo tak miał na imię, był wtedy podrostkiem, tutaj skończył studia i został inżynierem. Pamiętał Polskę i czuł się Polakiem, więc lepiej nie mogłem trafić. Potem właściciel przyznał mi się, że wysoko ceni swojego zastępcę i tylko dlatego, że byliśmy tej samej narodowości, przyjął mnie do pracy.

Oczywiście nie miałem żadnego pojęcia, jak się buduje most, musiałem się nauczyć, co to jest pylon, przęsło i tak dalej. Najpierw trzeba było zacząć od wzmocnienia gruntu żelbetowymi palami i pierwszym moim narzędziem okazała się łopata. Patrzyłem, jak ogromne świdry wbijają się w grunt... Część ziemi wybierały potem koparki, ale trzeba też było robić to ręcznie. Wieczorem, mimo rękawic, miałem pęcherze na dłoniach. Oczywiście nie przyznałem się do tego i następnego dnia przechodziłem katusze przy każdym machnięciu łopatą. Skończyło się to zakażeniem i sporą przerwą w pracy. Właściciel był tym bardziej wściekły, że mnie nie ubezpieczył i teraz musiał wyłożyć pieniądze na leczenie. Z pewnością gdyby nie Konrad, nie przyjąłby mnie z powrotem. Tym razem już zatrudnił mnie oficjalnie. Wkrótce awansowałem o oczko wyżej i brałem udział w bardziej skomplikowanych pracach. Podziwiałem wznoszenie konstrukcji mostu, wszystko musiało działać jak w zegarku! Do potężnego pylonu stalowymi linami mocuje się pomost. Potem się go zbroi i centymetr po centymetrze zalewa betonem. Poszczególne elementy przysyłano już gotowe, tu się je scalało i nasuwało nad rzekę za pomocą potężnych stalowych ramion. Konstrukcja musiała co do milimetra trafić na swoje miejsce. I to był zawsze bardzo nerwowy moment, wszyscy wstrzymywaliśmy oddech.

Czasami miewałem halucynacje, wydawało mi się, że most powstaje na Wiśle i ma połączyć lewobrzeżną

Warszawę z Pragą. Jaki byłbym dumny, gdybym mógł w tym uczestniczyć... Zwierzyłem się z tego Konradowi, a on odpowiedział, że często myśli o tym samym.

Po kilku miesiącach chudych, zdarzało mi się spędzać noce w noclegowniach, stanąłem na nogi. Stać mnie już było na wynajęcie małego mieszkanka i zacząłem myśleć o sprowadzeniu z Niemiec Bogny. Bardzo mi w tym pomógł Konrad, z którym się polubiliśmy, zapraszał mnie nawet na weekendy do siebie. Jego żona nie mówiła po polsku, ale dzięki mojemu świętej pamięci ojcu, który pilnował, byśmy uczyli się języków, znałem dość dobrze angielski i mogłem swobodnie się z nią porozumieć. Znajomość języków zresztą bardzo mi ułatwiała życie, i w czasie moich kurierskich wędrówek, i tutaj w Kanadzie.

W końcu dostałem obywatelstwo kanadyjskie i Bogna mogła przyjechać do mnie w ramach łączenia rodzin.

Kiedy ją zobaczyłem na nabrzeżu w tłumie pasażerów, pomyślałem, że kończy się nasza rozłąka, a przed nami nareszcie normalne życie. Ale chyba cieszyłem się za wcześnie, bo w urzędzie imigracyjnym oświadczono nam, że Bogna musi podjąć pracę służącej lub sprzątaczki, jak wszystkie inne przybywające tu kobiety. Nasze tłumaczenie, że ma tu męża, który może ją utrzymać, nic nie dało. Z dwojga złego zdecydowała się na pracę sprzątaczki i dostała skierowanie do fabryki oddalonej o jakieś dwieście kilometrów od Montrealu. Widywaliśmy się bardzo rzadko, bo moja firma otrzymywała coraz to nowe zlecenia na terenie całej Kanady i często wyjeżdżałem na kilka tygodni. Czułem, że się od siebie oddalamy i postanowiłem poszukać innej pracy, chociaż Konrad bardzo mi to odradzał. Przeszedłem trudną drogę od zwykłego robotnika do kierownika odcinka, miałem dobrą pensję i jeszcze lepsze prognozy na przyszłość.

– No tak, ale wali się moje małżeństwo – powiedziałem.

– Postaramy się ściągnąć twoją żonę do Montrealu – odparł.

– Tutaj też rzadko bywamy, jak wiesz.

– Moja żona jakoś to znosi, to i twoja może.

Nic nie wiedział o tym, co razem przeszliśmy, jak byliśmy poranieni wewnętrznie. Bogna zostawiła swój kraj, rodzinę, tutaj nikogo prócz mnie nie miała, a mnie stale nie było. W końcu znalazłem sobie pracę w korporacji taksówkarskiej, a Konrad, tak jak obiecał, pomógł załatwić Bognie przeniesienie do Montrealu. Nie podjęła już pracy sprzątaczki, czekała na mnie w domu. Ale i tu sobie źle radziła. Słabo znała język i to skazywało ją na izolację, a mimo moich namów nie chciała pójść na kurs. Dopiero przyjazd Kotki wyciągnął ją z domu.

Święta Bożego Narodzenia pięćdziesiątego czwartego roku spędzaliśmy już we troje. Udało nam się sprowadzić z Europy Konstancję, bo w tym czasie przepisy imigracyjne nie były już tak rygorystyczne i siostra Bogny nie musiała przedstawiać zaświadczenia o swoim dziewictwie.

Pierwsze zdanie, jakie wypowiedziała przy powitaniu, brzmiało:

– Bogna! Jakie ty masz ręce!

Ręce mojej żony, po ciężkiej pracy fizycznej, długo

dochodziły do siebie. Dla jej siostry było to szokujące, spojrzała na mnie z wyrzutem:

– Jak mogłeś do tego dopuścić!

– Daj mu spokój – odrzekła Bogna. – Za chwilę będziesz miała takie same!

Kotka spojrzała na nią z przerażeniem. W odróżnieniu od Bogny, która pogodziła się z życiem takim, jakie jest, Konstancja żyła złudzeniami, była najmłodszym dzieckiem, miała delikatne zdrowie, od urodzenia często chorowała, więc rodzice otaczali ją specjalną opieką. Wolno jej było więcej niż starszej siostrze. Kiedy wyszła za mąż, opiekę nad nią „przejął" Jacek, a po małżeńskiej katastrofie Konstancja natychmiast tradycyjnie „uwiesiła się" na starszej siostrze. Wiedziałem, że Bogna posyła jej do Niemiec ciężko zarobione dolary.

Moja żona po przyjeździe siostry odżyła, ciągle gdzieś się razem wybierały, a to wystawy, a to kina, omijając tylko sklepy, ze względu na puste kieszenie. Dla nas trojga musiała teraz wystarczyć moja taksówkarska pensja.

Początkowo byłem zadowolony, że Konstancja przyjechała i Bogna nie siedzi sama, ale po jakimś czasie spostrzegłem, że obie prowadzą odrealnione, jałowe życie. Niby próbowały znaleźć sobie jakieś zajęcie, ale trudno o dobrą pracę bez znajomości języka, Bogna po kilku latach znała tylko podstawowe zwroty, a uczyć się nie chciała. To samo Konstancja, była z nami przeszło pół roku i nie miała pomysłu, co chciałaby robić. W końcu doszło do spięcia między nami:

– A ty do czego tu doszedłeś? – krzyczała. – Jeździsz na jakiejś zasranej taksówce i masz z tego grosze. Ryzykując życiem, pomogłeś wielu ludziom, niektórzy świetnie się na Zachodzie urządzili, mógłbyś się do nich zwrócić o pomoc w znalezieniu lepszej pracy! A jak nie, to niech ci oddadzą forsę, bo przez nich musiałeś uciekać ze swojego kraju!

– A ty nie musiałaś, a też uciekłaś!

– Poszłam za siostrą, ale gdybym wiedziała, jak upokarzające jest takie życie, nigdy bym się nie zdecydowała. Może bylibyśmy wciąż z Jackiem...

– Świetnie, i nigdy byś się nie dowiedziała, kim naprawdę jest!

– Kochałam go...

Łzy pociekły jej po policzkach i zrobiło mi się jej żal.

– Przepraszam, że to powiedziałem.

– Nie masz za co przepraszać – pociągnęła nosem. – Przecież wiem, jaki to człowiek... może zawsze wiedziałam...

Konstancja po podtopieniu w Bałtyku miała jakiś problem, były momenty, że jej płuca przestawały działać, dusiła się, łapała ustami powietrze, a za chwilę wszystko mijało. Chodziła do różnych specjalistów, ale nic nie mogli znaleźć, a pieniądze, które odłożyłem z zarobków przy budowie mostów, topniały w błyskawicznym tempie. Szwagierka nie była ubezpieczona. Tak trafiła do znanego profesora, który ją zbadał i nie wziął za to honorarium, ale wyznaczył kolejną wizytę, bo jak powiedział, „musi się lepiej przyjrzeć objawom, które jego zdaniem są natury bardziej psychicznej niż fizycznej". Wreszcie postawił diagnozę, że Kotka cierpi na chorobę o nazwie *globus histericus*, której towarzyszy uczucie duszenia lub tzw. gula w gardle. Doświadczają tego osoby, gdy zmienia się ich stan emocjonalny i odczuwają smutek, wzruszenie, a nawet szczęście. Konstancja opowiedziała profesorowi historię naszej ucieczki i jej spotkanie ze śmiercią, bo tak to trzeba nazwać, a on stwierdził, że w takim razie jest to naturalna odpowiedź jej organizmu na to, co ją spotkało. Ale to z czasem minie. I miał rację, bo najlepszym lekarstwem na *globus histericus* Kotki był on sam. Zaczęli chodzić na koncerty, do teatru, pod nasze skromne, wynajęte mieszkanie zajeżdżała wspaniała limuzyna i wysiadała z niej Kotka w coraz to innym płaszczu, a na koniec w futrze z norek. Zapisała się na przyśpieszony kurs angielskiego i namówiła do tego Bognę, co mnie bardzo cieszyło. W pół roku po pierwszej wizycie Kotki u pana profesora poprosił ją o rękę i został przyjęty. Teraz trzeba było odszukać Jacka, bo Konstancja nie miała z nim rozwodu. Odnalazł się w Ameryce u boku milionerki, która mu z miejsca kupiła klinikę. Była od niego znacznie starsza i Jacek celowo nie planował rozwodu z Kotką, nie chcąc się z tamtą wiązać węzłem małżeńskim. Ale teraz nie miał wyjścia, bo obie strony na to naciskały i Kotka wkrótce mogła poślubić swojego profesora. Można powiedzieć, że dobrze trafiła, bo był to co prawda pan znacznie od niej starszy, ale o miłej powierzchowności i dużej kulturze osobistej. Młodą żonę uwielbiał, a tego jej było trzeba.

Kiedy Konstancja się wyprowadziła, według Bogny, do dzielnicy bogaczy, moja żona znowu została sama i powróciła do poprzedniego stanu. Kotka próbowała wprowadzić ją do towarzystwa, ale mojej żony to zupełnie nie interesowało, nie pasjonowała się modą jak tamta, nie cierpiała plotek, pogrążała się coraz bardziej w jakimś własnym, mrocznym świecie i zacząłem się o nią naprawdę bać. Zwierzyłem się z tego Ellen, żonie Konrada, i poprosiłem, żeby spróbowała wyciągnąć Bognę z domu. Ellen wpadła na pomysł, by zainteresować moją żonę pracą w którejś z fundacji należących do jej stryja. Był jednym z najbogatszych kanadyjskich przedsiębiorców, a w dodatku filantropem, i właśnie powołał do życia kolejną fundację. Oczywiście Bogna sama z siebie by tam nie poszła, więc Ellen zaprosiła nas i swojego krewnego na kolację. Moja żona lubiła ich oboje, więc nie miałem problemu, aby wyciągnąć ją z domu. Dopiero na miejscu dowiedziała się, że nie będziemy sami. Pan John C. był bardzo bezpośrednim człowiekiem, zauważył, że Bogna słabo sobie radzi z językiem i to ją krępuje, więc opowiedział o swojej wizycie w Chinach, gdzie jego rozmówcom wydawało się, że mówią po angielsku. Nie rozumiejąc z tego ani słowa, przez uprzejmość kiwał głową i potem, kiedy dostał do podpisania kontrakt, za tę głowę się złapał. Atmosfera się rozluźniła, a kiedy pan C. zaczął opowiadać o swoich fundacjach, Bogna słuchała z uwagą. Zdobyła się nawet na to, aby zadawać biznesmenowi pytania. Wyszliśmy stamtąd w dobrych humorach, a gdy spytałem ją, jakie wrażenie zrobił na niej kuzyn Ellen, usłyszałem:

– To budujące, że taki bogacz nie trzyma swoich pieniędzy w banku, ale postanowił podzielić się z tymi, z którymi los obszedł się okrutnie.

Przebiegło mi przez głowę, że ona myśli tak też o nas i zrobiło mi się bardzo smutno.

Bogna wybrała fundację zajmującą się problemami tzw. Trzeciego Świata, szczególnie leżały jej na sercu kwestie zdrowotne dzieci, to od niej zależało teraz, do którego afrykańskiego kraju zostaną wysłane szczepionki ratujące życie. Spędzała w fundacji wiele godzin, chociaż nikt tego od niej nie wymagał, często wracała do domu na ostatnich nogach, ale widziałem, że czuje się potrzebna, a to ją uszczęśliwia. Ostatni raz widziałem ją taką pierwszego sierpnia czterdziestego czwartego, gdy rozchodziliśmy się do swoich oddziałów, ona do słynnego batalionu „Zośka".

– Do zobaczenia za trzy dni w wolnej Warszawie – to były jej ostatnie słowa, zanim odeszła, patrzyłem za nią, dopóki nie zniknęła za rogiem ulicy.

Teraz sytuacja się odwróciła, najczęściej to ja czekałem na nią w domu, zacząłem więc myśleć o powrocie do pracy przy budowie mostów, o ile Konrad zechciałby mnie przyjąć z powrotem, teraz on był szefem, miał własną firmę.

– Świetny pomysł – ucieszył się. – Mogę cię zatrudnić choćby jutro.

– Muszę jeszcze uzgodnić to z Bogną – zastrzegłem się.

– Na pewno się ucieszy, wydaje mi się, że nie przepadała za tobą w roli taksówkarza.

– Tak? Nic mi o tym nie mówiła – odparłem niby żartem, ale zrobiło mi się przykro.

Wieczorem, przy kolacji, powiedziałem jej o tym pomyśle.

– Bardzo popieram – usłyszałem.

– Ale wiesz, że będę teraz często wyjeżdżał?

– Ja też będę wyjeżdżała, zostałam ambasadorem na rzecz głodujących dzieci w Afryce z ramienia UNICEF-u.

– To za chwilę staniemy się małżeństwem nieobecnych – powiedziałem, siląc się na uśmiech.

Kochałem swoją żonę, nie wyobrażałem sobie, że mógłbym być z inną kobietą, ale tak jak przedtem martwiło mnie, że zamyka się w czterech ścianach, tak teraz obawiałem się tej nagłej wolności, bo mogło zabraknąć w niej dla mnie miejsca.

– Będziemy małżeństwem realizującym swoje pasje – odrzekła Bogna zdecydowanie.

Tylko że mnie praca przy budowie jakoś szczególnie nie pasjonowała, to był bardziej sensowny sposób zarabiania pieniędzy. Moje przewidywania sprawdziły się, najczęściej wracałem do pustego domu. Kiedy wreszcie udało mi się zastać żonę, oświadczyłem, że stajemy się powoli dwojgiem obcych sobie ludzi.

– My nigdy nie będziemy sobie obcy – odrzekła. – Przeszliśmy razem przez ogień i wodę, a tego nie da się niczym wymazać...

– Ale to już było.

Spojrzała na mnie, miała smutne oczy.

– To jest i będzie, dopóki będziemy razem.

Po tych słowach poczułem chłód na plecach.

– Chcesz odejść?

Pokręciła głową.

– Nigdy od ciebie nie odejdę, ale dla nas obojga będzie lepiej, jeśli się rozstaniemy.

Patrzyliśmy sobie w oczy.

– Chcę rozwodu – powiedziała.

Zgodziłem się na rozwód, rozstałem się też z firmą Roberta, bo nie chciałem dłużej pozostawać w Montrealu. Tylko... nie bardzo wiedziałem, co dalej. Chodziło mi nawet po głowie, by wrócić na farmę pań Costa. I wtedy przeczytałem w gazecie rządowe ogłoszenie, że poszukuje się pracowników socjalnych do rezerwatów Indian. Wysłałem ofertę i wkrótce zostałem zaproszony na rozmowę.

Urzędnik w ministerstwie ze znudzoną miną objaśniał, że w Kanadzie istnieje ponad sześćset indiańskich rezerwatów, które zamieszkuje zwykle od kilkudziesięciu do kilku tysięcy etnicznych Indian oraz Metysów. Niestety większość rezerwatów to tereny niedoinwestowane, panuje tam bezrobocie, alkoholizm, narkomania, na porządku dziennym zdarzają się samobójstwa, ciągle też powiększa się liczba młodocianych przestępców, nie mówiąc o przemocy w rodzinie, szerzą się też choroby: cukrzyca i choroby weneryczne...

Słuchałem tego i włosy mi się zjeżyły na głowie.

– Dlaczego pan mi to opowiada?

– Mówię, jak jest, bo nie chcę, aby pan po tygodniu zrezygnował. Jeśli się pan mimo wszystko nie zrazi, dam panu skierowanie na przeszkolenie medyczne.

– A na czym to „przeszkolenie medyczne" polega?

– No... trzeba ukończyć kurs, trwający trzy tygodnie.

– I wtedy zaradzę takim chorobom jak cukrzyca czy syfilis?

Urzędnik wzruszył ramionami.

– Trzeba podać lek, zrobić zastrzyk. Żaden lekarz nie pojedzie do takiej głuszy, jeszcze za marną pensję.

Właśnie, tylko taki straceniec jak ja – pomyślałem.

– Dotacje rządowe są niewystarczające – ciągnął – a Indianie nie mają stałych dochodów, pracują dorywczo. Poza tym grupy tubylcze nie mają praw do eksploatacji bogactw naturalnych, takich jak kopaliny czy drewno, dochodami z ich pozyskiwania zarządza minister do spraw Indian.

– Niezła paranoja – mówiłem, zastanawiając się, czy wyjść, czy jednak podyskutować jeszcze z tym urzędasem. – Nic więc dziwnego, że ograbiane „grupy tubylcze" same biorą, co im się należy, w języku urzędowym nazywa się ich przestępcami!

On krzywo się uśmiechnął:

– Podoba mi się pana podejście, dam panu skierowanie na kurs medyczny i proszę przyjść z papierkiem, podpiszemy umowę.

Znalazłem się na rozdrożu, pomysł przyjęcia tej posady był z rodzaju tych, kiedy to trzeba wybierać między dżumą a cholerą, a w moim wypadku w grę wchodziła cukrzyca lub syfilis. Z drugiej strony ten wyjazd diametralnie zmieni moje życie, a o to mi przecież chodziło.

Przypomniał mi się fragment książki Arkadego Fiedlera: „Kanadyjska puszcza oszałamiała swą bezbrzeżnie pustą przestrzenią. Był to mocny narkotyk. Była to potęga fantastyczna, zniewalająca, nieprzebrana. I niebezpieczna".

Tak, takiego narkotyku potrzebowałem i następnego dnia z samego rana stawiłem się na kurs medyczny, po ukończeniu którego dostałem skierowanie do liczącego kilkaset osób rezerwatu w Kolumbii Brytyjskiej, oddalonego o około sto kilometrów od Vancouver, największego miasta w tym regionie. Słabo znałem Zachodnie Wybrzeże, budowaliśmy tam co prawda kilka mostów, ale zamiast pięknej, ponoć, dzikiej przyrody zapamiętałem tylko ciągnące się w nieskończoność szosy, po których jeden za drugim jechały olbrzymie ciężarówki załadowane potężnymi pniami daglezji. Miały pierwszeństwo przejazdu przed wszystkimi innymi pojazdami, więc ciągle musieliśmy zjeżdżać na bok.

Przed wyjazdem poszedłem pożegnać się z Robertem i jego żoną. Ellen na wieść o tym, gdzie się przenoszę, wykrzyknęła:

– Ta kraina cię oczaruje, byliśmy tam z Robertem w podróży poślubnej i nigdy tego nie zapomnę!

Robert natomiast był bardzo sceptyczny, uważał, że zbyt szybko podjąłem nieodwracalną decyzję. Odejście Bogny było dla mnie ciosem, ale życie toczy się dalej. Kiedy wychodziłem, Ellen podała mi kopertę.

Bogna pisała:

Wiku,
wiem, że zdecydowałeś się na opuszczenie Montrealu, nie wiem tylko, czy nie działasz pod wpływem chwili, ale oczywiście nie mnie prawić Ci morały. Chciałam Ci tylko powiedzieć, że gdybym została przy Tobie, byłoby to nieuczciwe wobec nas obojga, już wystarczająco zatrułam Ci życie. Abym ja mogła normalnie żyć, musiałam odciąć się od przeszłości, w której tkwiłam całą sobą, a Ty byłeś, jesteś, jej nieodłączną częścią.
Kocham Cię całym sercem i niczego tak nie pragnę jak tego, abyś był szczęśliwy.

Twoja kochająca
B.

W wyznaczonym terminie stawiłem się u pełnomocnika ministra do spraw Indian w Vancouver. Długo ściskał moją dłoń. Odniosłem wrażenie, że w jego żyłach musi płynąć przynajmniej kilka kropli indiańskiej krwi. Ta jego wylewność, jakby uważny szacunek... coś, z czym do tej pory się tutaj nie spotkałem. Kanadyjczycy w stosunkach z obcymi są ostrożni i trzymają się na dystans. Pełnomocnik od razu zrobił mi wykład na temat środowiska Kolumbii Brytyjskiej. Otóż od strony Pacyfiku, który kształtuje tu klimat, rozpościera się olbrzymi obszar lasów deszczowych, częste opady w ciągu całego roku sprawiają, że drzewa w lasach są stale zielone, a niektóre wyrastają do olbrzymich rozmiarów.

– Szkoda, że z każdym rokiem ich ubywa – westchnął. – Władze eksploatują ten teren w sposób rabunkowy! A co zostanie dla naszych następców!

– Urośnie nowy las – pocieszyłem go.

Pełnomocnik dość długo wprowadzał mnie w tajniki mojej przyszłej pracy. Grupa, którą miałem się zajmować, to Indianie leśni, w przeszłości żyli w namiotach okrytych skórami zwierząt, a utrzymywali się głównie z myślistwa. Ale od początku dwudziestego wieku zaczęli być przesiedlani przez władze Kanady do rezerwatów. „Moi Indianie" mieszkali w wiosce oddalonej kilkadziesiąt kilometrów od Vancouver, każda rodzina miała tam osobny domek, w rezerwacie była też szkoła, kościół, sklep, bank, poczta, a nawet posterunek policji, więc w razie jakichś niepokojów zawsze mogłem wezwać pomoc.

– A co by to miały być za niepokoje? – spytałem.

– No, wiadomo, jak to w rodzinie, jeden z drugim może się pokłócić i noże idą w ruch.

– A z czego utrzymują się mieszkańcy rezerwatu?

– Nadal trochę z myślistwa, rybołówstwa czy też wyrobów rękodzielniczych, ale głównie żyją ze środków pomocy społecznej. Czy ma pan jeszcze jakieś pytania?

– Raczej nie – odparłem niepewnie.

– No to jedźmy.

W wiosce przywitał nas ktoś w rodzaju wodza. Był to niemłody, postawny mężczyzna, nosił marynarkę na gołe ciało, z szyi zwisały mu jakieś fantastyczne amulety, całości dopełniał dziwaczny kapelusz, spod którego opadały na ramiona siwe włosy.

Pełnomocnik mówił do niego językiem, którego nie rozumiałem, wódz słuchał tego z kamienną twarzą, trudno mi więc było wywnioskować, czy jest zadowolony z mojego pojawienia się.

Potem już rozmawialiśmy po angielsku, urzędnik pożegnał się, a wódz zaprowadził mnie do domku, który miałem zajmować. Był kompletnie wyposażony, lecz bezosobowy, jak sklep z meblami. Ale wieczorem zaczęli przychodzić kolejno mieszkańcy rezerwatu z darami, najczęściej były to rękodzieła: drewniane naczynia, rzeźby, serwetki, a nawet firanki, które dwie młode Indianki zawiesiły od razu w oknach. Nie wszyscy znali angielski, więc z osobami starszymi musiałem poprzestać na wymianie ukłonów i uśmiechów.

Przez te lata, które z nimi spędziłem, doznałem od nich wiele życzliwości i ciepła. Ujęła mnie ich wrażliwość, ich obyczaje, jakaś niezwykła wewnętrzna kultura. Potrafili się dzielić z innymi, oddaliby ostatni kęs, gdyby ujrzeli głodnego.

Ich styl życia, pozornie prosty, krył w sobie jakąś tajemnicę, której z zewnątrz nie można przeniknąć... Musiało minąć wiele lat, zanim uznali mnie za „swojego" i nadali mi indiańskie imię. W ich narzeczu oznaczało to Dobry Człowiek.

Codziennie miałem sporo zajęć, dużo papierkowej roboty, a poza tym ciągle przychodził ktoś po pomoc medyczną. Jeśli nie mogłem temu zaradzić, wzywałem ambulans z Vancouver, gdzie znajdował się szpital dla Indian. Przy poważniejszych wypadkach trzeba było chorego przewieźć do szpitala i tu pojawiał się problem, bo razem z nim zabierała się bliska i dalsza rodzina, nie dało się inaczej. Oni nie zostawiali swoich pośród obcych.

Moje osobiste życie oddaliło się, a właściwie przestało istnieć. Co się dzieje w Montrealu, dowiadywałem się z listów Ellen, bo od czasu do czasu pisywaliśmy do siebie. Doniosła mi, że Bogna wyszła za mąż za jej stryja i wygląda na całkiem szczęśliwą, a mąż Kotki niestety zachorował na raka, bodajże trzustki, i jest z nim bardzo źle. W następnym liście napisała, że umarł, a Konstancja bardzo to przeżywa i wszyscy się o nią niepokoją.

Dwa razy do roku moi podopieczni całymi rodzinami udawali się, a ja razem z nimi, na kilka miesięcy w głąb lasu. Mieszkaliśmy tam w namiotach, które nie były już tradycyjnymi wigwamami, ale miały wyposażenie ułatwiające życie. W lecie było całkiem przyjemnie, gorzej zimą, kiedy temperatura dochodziła tam do minus pięćdziesięciu stopni Celsjusza. Wtedy do każdego namiotu wstawiało się piecyk, tak zwaną „kozę", i można było jakoś wytrzymać. Taki surowy tryb życia uczył młodych sztuki przetrwania w warunkach ekstremalnych. Bardzo mi to przypadło do gustu, poczułem się jak prawdziwy traper, poza tym tutaj odżywał duch tradycji indiańskich. Starsi uczyli młodych przekazywanych przez pokolenia metod polowania, odczytywania znaków, jakie dla wtajemniczonych wysyłała przyroda. Budowały się tu więzi rodzinne, a dla mnie było najważniejsze że utrudniony był dostęp do alkoholu, co stanowiło plagę w rezerwacie. Często wracając z biura do domu, widziałem pijanych wojowników leżących wprost na ziemi.

Kiedy po kilku miesiącach wróciłem do rezerwatu, przybiegła do mnie urzędniczka z poczty z telegramem w ręku, który niestety długo się przeleżał. Ellen zawiadamiała mnie, że Bogna miała wypadek samochodowy. Doznała poważnego urazu głowy, jest w ciężkim stanie i ciągle mnie przyzywa.

Jeszcze tego samego dnia porozumiałem się z pełnomocnikiem w Vancouver i wyruszyłem do Montrealu.

Pierwsze kroki skierowałem do Roberta i Ellen, nie wiedziałem bowiem, czy Bogna jest jeszcze w szpitalu, czy w domu, a jeśli w domu, gdzie jest ten dom...

– Straszne, co ich spotkało – mówiła Ellen. – Stryj kompletnie się załamał, bo bardzo ją kocha...

– Powiedz mi, co z nią! – przerwałem jej. – Gdzie teraz jest?

– W szpitalu, nie wyszła jeszcze ze śpiączki. Czasami ma przebłyski świadomości, ale myli Johna z tobą... on to bardzo przeżywa...

Pojechałem do szpitala. Bogna leżała w osobnym pokoju, obstawiona różnymi aparatami. Nie oddychała samodzielnie. Obok niej siedział pan John C. Skinęliśmy sobie głowami i usiadłem z drugiej strony łóżka. Nie mogłem rozpoznać jej twarzy, tak bardzo opuchniętej, a jednak to była ona, dziewczyna, na którą tylko raz spojrzałem i pokochałem na całe życie.

Chwilami otwierała oczy, chciała coś powiedzieć, ale to były tylko pojedyncze słowa, wyraźnie jednak wymawiała moje imię. Nie odstępowałem od jej łóżka, czasami rzucała się niespokojnie, ale kiedy brałem ją za rękę, natychmiast się uspokajała. Reagowała tak tylko na mój dotyk.

Umarła mglistego, listopadowego dnia. Byłem przy niej. Potem długo błądziłem po ulicach, aż zatrzymałem się na środku jezdni, nie mogąc zrobić następnego kroku. I wtedy zatrzymał się z piskiem nadjeżdżający samochód, starszy pan spytał:

– Źle się pan czuje, odwieźć pana do domu?

Miałem potem półroczną przerwę w życiorysie, wychodziłem tylko po zakupy, a w siatce był głównie alkohol. Mieszkanie z wolna zamieniało się w spelunę, a ja w kloszarda. Byłem brudny i zarośnięty. W końcu Robert i Ellen kupili mi nowe ubranie, zabrali do fryzjera, a potem wsadzili w samolot do Vancouver.

Kiedy zameldowałem się u pełnomocnika, dowiedziałem się, że na moje miejsce w rezerwacie przyjęto już kogoś innego, zaproponował mi jednak pracę w znanym mi szpitalu dla Indian. Potrzebny byt pielęgniarz, który obsługiwałby urządzenia radiologiczne, chętnych na to stanowisko jakoś nie było. Zgodziłem się, ale przedtem musiałem zaliczyć kurs dla techników radiologów.

Pracuję tam do tej pory na pół etatu, chociaż dawno powinienem odejść na emeryturę. Trzeba mieć odpowiednie podejście do tych ludzi, Indianie boją się prześwietleń, uważają, że w ten sposób kradnie się im duszę. Długo ich trzeba namawiać, zanim się zdecydują. Najpierw muszą opowiedzieć swoją historię, potem historię swoich dzieci, wnuków i dalszych krewnych, dopiero gdy poczują, że zostali wysłuchani, godzą się na badanie. A w takim molochu jak szpital liczy się czas. Ja miałem go bardzo dużo.

Z naszej czwórki uciekinierów tylko ja pozostałem przy życiu, Bogna odeszła po wypadku, nie żyje też Kotka, Jacek zginął od kuli, zastrzeliła go zazdrosna żona.

◇

Kiedy piszę te słowa, odszedł też drugi z moich bohaterów, Ludwik Niemczyk.

Przy okazji krótkiego wywiadu dla e-portalu ogłosiłam, że poszukuję kontaktu z osobami, które mają jakiekolwiek informacje o nim. I wkrótce zgłosiła się córka pamiętnej pułkownikowej, już niestety nieżyjącej... która tak zwiodła Ludwika obszernym płaszczem. Umówiłyśmy się na spotkanie, moją rozmówczynię określiłabym w kilku słowach: starsza pani o ujmującym wyrazie twarzy.

Włączyłam dyktafon.

Pana Ludwika Niemczyka widziałam tylko raz, kiedy pojechałyśmy z mamą do niego do Kanady w odwiedziny. Byłam wtedy świeżo po maturze i bardziej zapamiętałam samą drogę, lot samolotem, a potem świat, który do tej pory był dla mnie niedostępny. Co prawda mieszkałam już z rodzicami za granicą, we Włoszech, a potem w Anglii, ale po pięćdziesiątym szóstym roku wróciliśmy do Polski. Miałam wtedy dziesięć lat i już zapomniałam, jak wygląda życie za Żelazną Kurtyną. Mama mi tylko powiedziała, że przeżyła dzięki panu Ludwikowi i gdyby nie on, mnie też nie byłoby na świecie.

Pan Ludwik czekał już na nas na lotnisku, mama i on mieli łzy w oczach, objęli się, a potem mama powiedziała:

– Tak, Ludwiku, to jest właśnie Agnieszka, twoja chrzestna córka!

Bardzo się zdziwiłam, bo nie miałam o tym pojęcia. Do tematu pana Ludwika wróciłyśmy po latach, kiedy mój ojciec już nie żył, a ja zdążyłam się rozwieść i zamieszkałam znowu z mamą. Wtedy dowiedziałam się o szczegółach jej ucieczki z Polski Ludowej i o roli, jaką odegrał w tym pan Ludwik... Uświadomiła mi, że on miał wtedy dwadzieścia kilka lat, więc co mógł wiedzieć o takich sprawach jak poród na przykład, a jednak ani przez chwilę nie stracił głowy! Nie myślał wtedy o sobie, martwił się tylko o nas.

Żeby pani wiedziała, jaką miał minę, kiedy zobaczył nas na lotnisku. To był najszczęśliwszy człowiek na świecie!

Od pani Agnieszki otrzymałam numer telefonu do pana Aleksandra, który mieszkał we Włoszech i z którym jej matka korespondowała do samej śmierci.

Pan Aleksander początkowo był bardzo ostrożny, ale w końcu zgodził się na spotkanie.

Na lotnisku we Florencji dostrzegłam za barierką żywnego starszego pana, który trzymał planszę z moim nazwiskiem. Witając się ze mną, wręczył mi bukiet kwiatów i powiedział:

– Nie wiedziałem, że idę na spotkanie z tak piękną kobietą!

Zaprosił mnie na obiad, a potem zaszyliśmy się w jego gabinecie i włączyłam dyktafon. Ledwie otworzył usta, zorientowałam się, kim jest. To był Olek, syn smutnego pułkownika!

„Straszny szczeniak wtedy byłem – stwierdził – nie zdawałem sobie sprawy, że przez swój upór narażam przede wszystkim Ludwika, wystarczyło, żeby jeden z pograniczników zajrzał do tej skrzyni!

Pewnie powinniśmy zaczekać, aż zbierze się odpowiednia liczba osób do przeprawy przez granicę, ale Ludwik był gotów tylko dla mnie, takiego narwanego szczeniaka... uciekać z Pilzna, a przecież mogło to skończyć się dla niego długoletnim więzieniem, a nawet wyrokiem śmierci.

Cóż to był za człowiek, ten Ludwik! Organizując przerzut, wymyśliłem, że kumpel kierowcy wpisze w dokumentach zamiast trzech cztery osoby i dla pograniczników będzie się wszystko zgadzać.

Kierowca nawet obgadał już sprawę ze znajomkiem, który za butelkę wódki, to był wtedy najlepszy środek płatniczy, zgodził się na mały szacher-macher. Tyle tylko, że kategorycznie nie zgodził się Ludwik. »Kolega nie wie, że ty z nimi nie wrócisz! – tłumaczył dzieciakowi, jakim byłem. – Twoja ucieczka ich nie obciąży, byli zmęczeni, mieli twardy sen, ale ta czwarta osoba w dokumentach to dla nich stryczek!«.

Zrobiło mi się głupio, że o tym nie pomyślałem. Ludwik uwolnił mnie od nieuchronnych wyrzutów sumienia, dzięki niemu, choćby i mimo woli, ale nikogo nie skrzywdziłem...”.

Pan Aleksander opowiedział też o swoich dalszych losach, wyjechał z ojcem do Anglii, było ciężko, ojciec, aby ich utrzymać, pracował w fabryce papieru, co się skończyło pylicą płuc. Ale posłał syna do szkoły, tam nauczyciel odkrył u chłopaka talent i namówił na studia na tamtejszej Akademii Sztuk Pięknych. Po śmierci ojca pan Aleksander przeniósł się do Włoch, gdzie ożenił się z Włoszką, dzisiaj ma już wnuki.

– A co to była za uczelnia? – spytałam.

– Studiowałem rzeźbę, tutaj, we Florencji, wyrobiłem sobie markę...

Spytałam, czy utrzymywał potem kontakt z Ludwikiem. Odpowiedział, że jeździł do niego do Kanady, a Ludwik kiedyś go nawet odwiedził, był bardzo przejęty... Miał się żenić z Indianką...

– Pan Ludwik ożenił się z Indianką?! – spytałam zaskoczona.

– Prawie... wie pani, że on pracował w szpitalu dla Indian?

– Wiem, nawet go nazwali „dobrym człowiekiem".

– No właśnie, starszyzna zdecydowała, że nie powinien być sam i wybrała Ludwikowi żonę. A wie pani, indiański ślub to kontrakt na całe życie, taka kobieta nie może już za nikogo innego wyjść za mąż, chyba że jako wdowa za brata swojego zmarłego męża (mimowolnie w myślach roześmiałam się, ciekawe, co powiedziałby Leon na indiańską żonę w spadku...). No i Indianie przyprowadzili Ludwikowi wybrankę, młodą, śliczną dziewczynę, i powiedzieli, że rodzina przyszłej panny młodej jednogłośnie wyraziła zgodę na ten ślub.

Ludwik miał z tym kłopot, bo znał obyczaje tamtejszych Indian i wiedział, że jego odmowa byłaby wielką zniewagą. Jakoś wykręcił się w końcu, przekonywał, że taka decyzja wymaga przemyślenia i stanęło na tym, że wróci się do sprawy po urlopie. No i wyjechał, właściwie to uciekł przed tym problemem do mnie, do Włoch. Zastanawialiśmy się, jak z tego wybrnąć. W końcu udaliśmy się do Rzymu, do znanego indologa, a ten zawyrokował, że wyjście jest jedno, trzeba oświadczyć, iż Ludwik miał już żonę, a jego religia zabrania ponownego ożenku.

– I uwierzyli?

– Uwierzyli, ale bardzo było im smutno, że nie udało się uszczęśliwić ich dobrego człowieka! Bo Ludwik nie był dla nich ogólnie dobrym człowiekiem, on był ich dobrym człowiekiem!

– A ja uważam, że ogólnie też był dobrym człowiekiem – odrzekłam – ale każdy z nas ma jakąś ciemną stronę, jaką ciemną stronę miał Ludwik Niemczyk?

Pan Aleksander zastanawiał się nad odpowiedzią.

– Nie wiem, czy to ciemna strona, ale... nie umiał wybaczyć swoim ubeckim oprawcom, którzy zniszczyli mu zdrowie. On nigdy o tym nie mówił, ale zauważyłem u niego całą szufladę leków przeciwbólowych. „Tyle tego bierzesz", przestraszyłem się. A on odrzekł: „Muszę, ci z Rakowieckiej pogruchotali mnie w środku". Ja oczywiście już tego nie drążyłem...

Mimo że kochał Polskę, nie wrócił po osiemdziesiątym dziewiątym roku, miał wielki żal do Tadeusza Mazowieckiego o grubą kreskę, która ochroniła całe to ubeckie towarzystwo, nie zostali osądzeni, pozakładali biznesy i świetnie sobie żyli, otrzymywali wysokie emerytury.

„Jakim prawem premier Mazowiecki decydował za mnie – denerwował się. – Dlaczego mnie nie zapytał, czy chcę przebaczyć tym, którzy mnie poniżali i katowali? On nie siedział na Rakowieckiej, a zamknął drogę do ojczyzny ludziom takim jak ja...".

W filmie „Wielkie ucieczki", wyprodukowanym przez TVN, redaktor Tomasz Sianecki pytał Ludwika, czy mógłby teraz, po pięćdziesięciu latach emigracji, wrócić na stałe do Polski. Ludwik zaprzeczył. „Polska była niedobra?", spytał redaktor, a on odpowiedział: „Polska była dobra, tylko ci, którzy rządzili, byli niedobrzy, Polska jest zawsze dobra!".

Pomyślałam, że historia tej rodziny jest pełna tajemnic i niejasności, na jakie w swoim śledztwie ciągle się natykałam. Niektóre udało mi się rozszyfrować, inne pozostaną tylko w sferze przypuszczeń.

Niewątpliwie bracia Niemczyk byli bardzo utalentowani, ale nie wiem, czy czerpali z tego satysfakcję. Wacław jako muzyk wspiął się na sam szczyt, jednak chyba zawiódł jako człowiek i z pewnością musiał się kiedyś sam ze sobą rozliczyć z pobytu w Kamienicy pod Strusiem. Opuszczając Warszawę, która stała się jednym wielkim cmentarzyskiem, dobrze wiedział, kto tego dokonał, a mimo to podał rękę gestapowcowi w cywilu i wsiadł do jego limuzyny. Wystąpił potem, co prawda, przed królem Jerzym VI i dostał od niego w prezencie dwa stradivariusy, ale wracał do pustego domu, w którym się zamknął jak w wieży z kości słoniowej.

Leon na pewno czuł się niedoceniony przez świat filmu, który bywa bezwzględny i oprócz talentu trzeba mieć tam twarde łokcie, a tych z pewnością mu brakowało. Ludwik bardzo szybko dał się zepchnąć na margines życia, nie przyjął po wojnie pomocy ludzi, którzy tak wiele mu zawdzięczali, a nawet narzucił sobie, właściwie wszystkim, których uratował... regułę milczenia. Bez prawdziwych imion, bez nazwisk, jakby mimo upływu lat była to sprawa wstydliwa, jakby wciąż istniało UB, trwała ciągłość tych służb...

W Internecie wśród wpisów pod artykułem o Ludwiku Niemczyku pojawił się taki, w którym niejaki pan M. z Kanady odnosi się do pytania młodego człowieka, gdzie mógłby się więcej dowiedzieć o bohaterze. Pan M. napisał:

„Tak się złożyło, że Ludwik to mój przyjaciel, sporo lat się nim opiekowałem, blisko mieszkaliśmy w Kanadzie. 29 lat temu (uciekłem ze statku rybackiego). Jeśli Pan chce więcej wiadomości, służę detalem i oto mój e-mail...".

Uradowana natychmiast się do tego pana M. odezwałam i wyjaśniłam, że piszę książkę o Ludwiku i wszelkie informacje o Nim są dla mnie na wagę złota...

Ale pan M. nie odezwał się do mnie, chociaż sprawdziłam, wszystkie moje e-maile do niego dotarły, wiem, że je czytał... Możliwe, że on też wstąpił do Zakonu Milczenia. Nie pozwolono mi skopiować zdjęcia Ludwika z matką pani Agnieszki; był tam jeszcze w sile wieku, łudząco podobny do Leona i, jak on, bardzo przystojny, nie mogłam też ujawnić tożsamości moich rozmówców, zupełnie jakby wszyscy wykonywali niepisany testament Ludwika: milczenie jest złotem. To samo z moim trzecim rozmówcą, przedsiębiorcą budowlanym, u którego pracował swego czasu Ludwik, Konradem z Kanady, on przynajmniej zgodził się, abym przeczytała odręczne notatki Ludwika! Były tam na przykład dokładne wyliczenia rachmistrza AK, co do jednego karabinu, broni, która została użyta w Powstaniu, a także zapiski z tygodni, które spędził przy łóżku umierającej byłej żony. Nie dowiemy się nigdy, dlaczego nie chciał tego opublikować, jego przyjaciel odnalazł te zapiski, gdy likwidował mieszkanie w Vancouver. Być może Ludwik przekonał się na własnej skórze, że lepiej mówić jak najmniej, bo zdaniem młodszego brata „za dużo gadał" i to zaważyło na ich dalszych, powojennych losach.

Leon tę późniejszą konspirację uważał za dziecinadę, jego starszy brat wyświadczył przysługi wielu ludziom, którzy potem na Zachodzie dobrze się urządzili i z pewnością nie odmówiliby mu pomocy, gdyby o to poprosił, ale honor mu nie pozwolił!

– I przez ten honor klepał biedę, za marne grosze pracował ciężko fizycznie, jego żona w końcu nie wytrzymała i odeszła...

– To według ciebie był powód ich rozstania?

– Nie wiem tego, nie jestem jasnowidzem – odparł – ale na to mi wygląda. Kobieta jest tylko kobietą, miłość się szybko skończy, kiedy będzie oglądała elegancki świat za wystawową szybą, a w domu prała brudne gacie męża...

– Świetne masz o nas zdanie!

– Trochę znam się na kobietach!

– Widać nie na wszystkich. Ona była w batalionie „Zośka", wielokrotnie ranna w Powstaniu! I ktoś taki opuściłby męża dla błyskotek?!

– Nie dla błyskotek, dla lepszego życia! Nie wiesz, jak upokarzające bywa życie na emigracji, jeśli jest się bez grosza!

– Ty też nie wiesz!

– Ale pamiętasz, co mówił Ludwik, ja mam bujną wyobraźnię.

Zahaczyłam o te „błyskotki" w rozmowie z panem Aleksandrem:

– A czy poznał pan żonę Ludwika?

Pokręcił głową.

– Jak go wreszcie namierzyłem, mieszkał w Vancouver, ona już nie żyła...

– Słyszałam, że przedtem się rozwiedli i Bogna wyszła drugi raz za mąż?

– Nic mi na ten temat nie wiadomo – odpowiedział, unikając mojego wzroku.

Więc jednak zmowa milczenia.

Sądziłam, że Ludwik był absolutnym monogamistą i w jego życiu istniała tylko jedna kobieta. Ale Tomasz Sianecki, który najpierw prowadził rozmowy z Ludwikiem na wizji, a potem się zaprzyjaźnili, wyprowadził mnie z błędu. Ludwik po osiemdziesiątym dziewiątym przyjeżdżał do Polski dość często, bo leczył się na serce u pewnej pani doktor, która w końcu mu to serce skradła.

I jak to ujął redaktor Tomasz: „Byliśmy umówieni na kolację z Ludwikiem, bohater »Wielkich ucieczek« pojawił się w towarzystwie pani doktor i wszystko wskazywało na to, że to była jego dziewczyna...".

Zanim pan Aleksander odwiózł mnie na lotnisko, stwierdził, że koniecznie musi się pochwalić popiersiem swojego dłuta, które zdobi pewien skwer. Nie powiem, żebym była zachwycona, ale nie wypadało mi odmówić.

Skwer był daleko od centrum, ładnie położony, otoczony ozdobnymi krzewami, ławeczki, młode mamy z wózkami przemierzały alejki, a pośrodku skweru cokół, na nim zastygłe popiersie z brązu.

– To jeden z rzymskich cezarów? – zażartowałam.

– Ojcowie miasta zamówili u mnie pomnik cichego bohatera – wyjaśnił pan Olek.

– Z której wojny?

– Żadnej, chodziło o kogoś takiego, kto bez rozgłosu czynił rzeczy wielkie! A ta twarz... kogo pani przypomina?

Patrzył na mnie z uśmiechem.

– Tak, to on, Ludwik, ale wiedzą o tym tylko dwie osoby, autor i teraz pani!

I tyle po nim zostało – pomyślałam – pomnik cichego bohatera i kwit z więziennego depozytu, na którym widniało:

1) Szalik,

2) Krawat,

3) Zegarek marki Zenit.

Nie żyją bohaterowie tej opowieści. Obaj zmarli na raka płuc, Leon we własnym łóżku, otoczony czułą opieką ostatniej wybranki, Ludwik samotnie w hospicjum The Salvation Army Rotary Richmond w Vancouver...

Dlaczego nawet u końca swojej drogi mój przyjaciel odtrącił wyciągniętą rękę brata? Czy to przez podejrzenie, że to właśnie on obciążył Ludwika w swoich zeznaniach przed organami bezpieczeństwa?

Znając go dobrze, zauważyłam, że w filmie o Ludwiku był zdenerwowany, nie patrzył w kamerę, mówił jakby na odczepnego:

– Nie wiem, kto zdradził, jakbym dopadł tego drania, wiedziałbym, co mam zrobić!

– To znaczy? – spytał redaktor Sianecki.

– Długo by nie pożył.

Wystarczyło wystąpić do IPN o udostępnienie akt, ale żaden z braci tego nie zrobił. Postanowiłam uczynić to za nich.

Nr. akt ....

Protokół rewizji osobistej

Cieszyn .... dnia 18 grudnia 1946 r. godz. 17

Ja, funkcjonarjusz .... Ministerstwa Bezpieczeństwa Publiczn[ego]

w Warszawie, — Zbiniewicz Fryderyk ppor.
(stopień sł., imię i nazwisko)

działając na mocy polecenia N-ka WII D i Ministerstwa Bezpieczeń[stwa]

Publicznego w Warszawie z dnia 16.XII.1946 r.

przy udziale jako protokulanta St. Ref. D-I MBP Szamińa W[...]

w obecności świadka ~~(ów)~~ Sierż Zakrzewskiego Włodzimier[za]

przeprowadziłem rewizję osobistą u podejrzanego Niemczyka Ludwi[ka]

....

w wyniku której znalazłem u niego następujące przedmioty, które zakwestionowałem:

1. Zegarek ręczny Zenith Nr 8473538
2. Krawat
3. Szalik.
4.
5.

~~Przedmioty powyższe odebrałem celem~~ dołączenia do akt sprawy. —

Oświadczenia osób obecnych przy rewizji: ....

Żadnych zarzutów w przedmiocie przeprowadzenia rewizji i zatrzymanych pr[zed]miotów nie zgłoszono.

Na tym protokół rewizji zakończyłem i przed podpisaniem odczytałem.

Zbiniewicz ppor.
Rewizji dokonał:

Niemczyk
Podpis osoby, u której przepr. rewizj[ę]

W. Szamiń
Protokulant:

W. Zakrzewski
Podpis świadka:

Muszę powiedzieć, że nogi się pode mną ugięły, kiedy wreszcie otrzymałam zawiadomienie, iż mogę przejrzeć zasoby cyfrowego archiwum. Miałam w pamięci zagadkowe zdanie wypowiedziane przez mojego przyjaciela: „Może tak się zdarzyć, że to, co wydaje się dobrym wyjściem, obraca się przeciwko tobie i nie tylko...". Bałam się, że to stwierdzenie „nie tylko" może zostać rozszyfrowane, ale cofnąć się już nie mogłam. Z mozołem brnęłam przez pachnące kurzem akta, mikrofilmy z fotokopiami protokołów z zeznań Ludwika i opinii śledczych. Wreszcie nadeszło olśnienie... natknęłam się na tekst wystukany na maszynie przez jednego z funkcjonariuszy:

Streszczenie dnia 17 maja 1947

Skuza Marek zwierzył mi się, że został wysłany do Polski z Italii przez wywiad II Korpusu w Ankonie. Miał za zadanie opracowania MBP i znalezienia w bezpieczeństwie wtyczki, zorganizowania własnej siatki i zorganizowania punktów przejściowych przez Czechosłowację do Italii.

Niemczyk również pracuje w wywiadzie Andersa. Mieli obaj za zadanie skontaktować się z jakimś porucznikiem w Warszawie. W tej chwili będzie się starał zachować w tajemnicy punkt w Warszawie owego porucznika, gdyż nadmienia Skuza, że ten porucznik jest ważnym punktem dla zachodu.

Pierwszą podróż odbył z Niemczykiem dla zapoznania trasy. Niemczyk miał inne zadania.

Sporządził: Sosnowski

Z kolei śledczy por. Studziński notuje:

Niemczyk Ludwik wyjechał legalnie z Polski, był zaopatrzony w odpowiednie dokumenty Bezpieczeństwa Korpusu Andersa. Wziął przyjaciela Mariana Skuzę - miał znajomości w Czechosłowacji i pomógłby w powrocie.

Do jego zatrzymania przyczynił się Skuza, który po nim chciał wyjechać z Włoch do Polski i wpadł w ręce bezpieczeństwa i wydał jego.

Ratując swoją sytuację Skuza wydał Niemczyka i wszystkich znajomych, z którymi Niemczyk przebywał lub wiedział, gdzie Niemczyk mógł się zatrzymać.

Niemczyk postanowił nic złego o Skuzie nie zeznawać a odwrotnie - wychwalać i wybielać Skuzę w swych zeznaniach.

płk. Rokitowski

Dn.21.IV.1947 r.

S t r e s z c z e n i e

Z rozmów prowadzonych z Niemczykiem Ludwikiem dowiedziałem s
że zamieszkiwał ostatnio w Ankonie we Włoszech. W Ankowie kwatero
sztab Andersa. Niemczyk Niemczyk utrzymywał towarzyskie stosunki
z oficerami sztabu Andersa, współpracując z wydziałem Bezpieczeńs
Korpusu. Przyjechał do Polski, by wywieźć za granicę brata swojeg
artystę-skrzypka. Podróż Niemczykowi udała się i prócz brata, prz
prowadził przez zieloną granicę jeszcze kilka osób. Wyjechał z Wł
legalnie, t.zn., że był zaopatrzony w odpowiednie dokumenty przez
służbę Bezpieczeństwa Korpusu Andersa. Dla towarzystwa w podróży
wziął ze sobą swego przyjaciela Mariana Skuzę, który miał znajomy
na terenie Czechosłowacji i przez to ułatwił by podróż powrotną.
Skuzę miał zamiar Niemczyk wciągnąć do współpracy w Bezpieczeństw
Korpusu. Do Polski Niemczyk przywiózł dużo listów do rodzin i zna
mych od oficerów przebywających na emigracji. Doręczenie tych lis
zajęło Niemczykowi sporo czasu, jednak przyniosło mu korzyść, gdy
zebrał bardzo dużo wiadomości, pożytecznych dla zagranicy i dało
możność stworzenia naszych "melin". Po udanej pierwszej podróży
z Włoch do Polski, zdecydował się na odbycie podróży drugiej, ce
wywiezienia rodziny brata i kilku innych osób i napewno więcej ra
przyjeżdżał by do Polski, gdyby nie został zatrzymany. Do jego
zatrzymania przyczynił się Skuza, który po nim wyjechał z Włoch
Polski i wpadł w ręce Bezpieczeństwa i wydał jego. Niemczyk nie w
jakie zadanie miał Skuza i w jakim celu był przysłany do Polski.
Ratując swoją sytuację, Skuza wydał Niemczyka i wszystkich znajom
u których z Niemczykiem przebywał, lub wiedział, gdzie Niemczyk
mógł by zatrzymać się. Niemczyk postanowił nic złego o Skuzie ni
zeznawać, a odwrotnie - wychwalać i wybielać Skuzę w swych zezna
Na terytoriach, gdzie przebywają Anglosasi, jest bardzo trudne
poruszanie bez odpowiednich dokumentów i schwytani zbiegowie z Po
czy innych krajów są zatrzymywani i osadzani w więzieniach.
Niemczyk korzystał ze swobodnego poruszania się po wszystkich kra
zachodnich, ponieważ prócz dokumentów, był wtajemniczony w "kilka
wyroków magicznych", które stanowiły większą wartość od dokument

W Warszawie zapoznał się z dwoma pracowniczkami z administra
więzienia w Mokotowie, z którymi spotykał się u znajomego krawca
na ul.Narbutta Nr.64 (?). U tegoż krawca robił przyjęcia swym
znajomym, między innymi bywały znajome z więzienia. Jednej na imi
"Basia", niska, blondynka, drugiej imienia nie wymienił, średnie
wzrostu, szatynka, bardzo przystojna, chodzi w długich butach. -
Obie wiedziały, że Niemczyk przyjeżdża nielegalnie z zagranicy.
Umówił się widzieć się z nimi w listopadzie 1946 r. w mieszkaniu
krawca. Siedząc w więzieniu, obie widział przez okno z celi i pr
"Basię" o zorganizowanie mu paczek, lecz nie jest pewien, czy go
zrozumiała.

Sporządził:

"Sosnowski".

odbito w 5-ciu egz. KJ.

Z przesłuchania Ludwika:

Pytanie:

W jakim celu jechał z wami z Włoch na teren Polski Skuza Marian w sierpniu 1946 roku?

Odpowiedź:

Skuzę Mariana znam z pobytu w obozie cywilnym w Berletcie na terenie Włoch. (...) Skuza zapytał mnie, iż on również by ze mną pojechał, aby odwiedzić rzekomo żonę, on zaproponował mi swą pomoc w drodze podając, iż zna punkty oparcia w Czechosłowacji, które będą potrzebne w drodze powrotnej. (...)

Innych celów jego wyjazdów do Polski nie znałem. Jak się okazało to Skuza żadnej żony nie odwiedzał i żadnych punktów na terenie Czech nie miał. Jego wyjazd do Polski tłumaczę sobie jako chęć przejechania się. Skuza Marian całą podróż z powrotem jechał wyłącznie na mój koszt, sam nie posiadał pieniędzy.

Studziński, por.

Ludwika nie aresztowano od razu, Marian Skuza podał wszystkie możliwe adresy, pod którymi mógł się ukrywać, więc tym samym umożliwił funkcjonariuszom bezpieczeństwa jego inwigilację. I Ludwik doprowadził ich do swojej grupy, a więc, nieświadomie, wydał Leona. Ktoś, kto odradzał mu wizytę w IPN, musiał być zorientowany, co może zawierać jego teczka.

Jaką cenę zapłacił Leon za swoje uwolnienie, nie dowiemy się już nigdy. Związany ze służbami specjalnymi Piotr Niemczyk (zbieżność nazwisk przypadkowa) stwierdził, że jeśli Leon spędził pół roku w areszcie, w jego dokumentach musiałoby to pozostawić ślad.

– Czy jest możliwe, aby wypuścili go po kilku dniach, tak na piękne oczy, skoro jego brata oskarżono o szpiegostwo?

– Jest możliwe – odrzekł. – Wszystko zależało od widzimisię śledczych.

– No, nie zawsze, w sprawie Ludwika opinie śledczych nie były brane pod uwagę, o jego losie zadecydował pułkownik Różański.

Piotr Niemczyk rozłożył ręce:

– Tak też się zdarzało, pani bohater miał po prostu pecha.

Potem rozmowa zeszła na prawdziwego zdrajcę – Mariana Skuzę.

– O ironio, Ludwik nazywał go swoim dobrym druhem i był wobec niego bardzo wyrozumiały!

– Ja bym go tak do końca nie potępiał – mówił pan Piotr. – Istnieje granica bólu, poza którą człowiek przestaje być sobą. A on miał bardzo poważne zarzuty, w najlepszym razie groziło mu dożywocie, więc starano się pewnie wszelkimi sposobami wydobyć z niego jak najwięcej.

Pokiwałam tylko głową:

– Ludwik szukał Skuzy po wyjściu z więzienia, ale ślad po nim zaginął.

– Możliwe, że wykonano na nim wyrok śmierci.

A jednak postanowiłam dotrzeć do informacji o tym człowieku. I prawda okazała się porażająca. W IPN odnalazłam dwa opasłe tomy akt na temat Mariana Marka Skuzy i w miarę jak rozszyfrowywałam kolejne fotokopie, ogarniało mnie przerażenie i niedowierzanie zarazem. Ten cztery lata starszy od Ludwika „kolega" nie był takim lekkoduchem, jak go widział jego przyjaciel. Skuza jawi się jako osobowość wielokrotna, mefistofeliczna, chwilami wydaje się, że sam się zagubił w tym, co w jego życiorysie jest prawdą, a co zmyśleniem.

Z wykształcenia ponoć nauczyciel, znał biegle cztery języki. Oficer wywiadu 2. Korpusu Andersa, rzekomo organizował grupę szpiegowską, na pewno przerzucał rodziny oficerów, ponoć nawet jakąś kuzynkę generała Andersa? Pseudonim, jak na ironię, „Pewny".

Miał się podobno sam zgłosić do płk. Komara z UB i zaproponować współpracę, chodziło o pierwiastek rad z instytutu poniemieckiego w Gliwicach, który ktoś miał wyprowadzić na Zachód. Wydaje mi się, że UB też nie wiedziało, ile w tym wszystkim jest zmyślenia, a ile prawdy i chyba tylko dlatego Skuza nie dostał czapy. Dziwne poza tym, że w śledztwie nie ma konsultacji z psychiatrą...

Możliwe, że dałoby się to jednak złożyć w logiczną całość. Może marzyło mu się zostać oficerem wywiadu PRL albo kimś w rodzaju podwójnego czy potrójnego agenta i aby to uwiarygodnić, wydał Ludwika, czego się potem w toku przesłuchań wyparł...

W marcu czterdziestego ósmego roku otrzymał podwójną karę śmierci, w kwietniu jedna z nich zamieniona została na piętnaście lat, druga podtrzymana, ale skończyło się na dożywociu. Podobno uratowało go to, że brał pieniądze za przerzut ludzi, bo tylko to mu ostatecznie udowodniono. W pięćdziesiątym szóstym roku wyszedł z więzienia na mocy amnestii.

Nie szukał kontaktu z Ludwikiem.

Postscriptum

Jako krytyk filmowy miałam zawsze sąd odmienny od reszty moich kolegów, jedynie ja na przykład doceniałam filmy Stanisława Barei, gdy powstawały. Pamiętam, ile gromów poleciało na moją głowę, kiedy w jednej z recenzji napisałam, „że filmy tego reżysera tak pokazują życie w PRL-u, że przetrwają niczym freski Michała Anioła w Kaplicy Sykstyńskiej". I miałam rację, wkroczyły triumfalnie w XXI wiek, są oglądane i, co dziwniejsze, zrozumiałe dla kolejnych pokoleń Polaków. Jako jedyna w pełni doceniłam film estońskiego reżysera Zazy Urushadzego „Mandarynki", recenzje kolegów były w tonie minorowym. I proszę, znalazł się wśród pięciu najlepszych filmów nominowanych do Oscara. Został wyłuskany spośród obrazów, za którymi lobbowano, wykładając naprawdę duże pieniądze. Za filmem „Mandarynki" stał tylko talent reżysera. Wreszcie – „Miasto 44" Jana Komasy, młody reżyser mógłby być rówieśnikiem swoich bohaterów i jego dzieło ogląda się tak, jakby tam był i czuł się w obowiązku odmitologizować ten zryw. Moi koledzy po piórze marudzą, że obraz nie posiada spójnej fabuły, zabrakło w nim dobrego scenariusza i tak dalej. Scenariusz napisało życie! W filmie widzimy bohatera zbiorowego, którym są bardzo młodzi ludzie, dzieci nieledwie. Powiedziano im, że wyzwolą swoje miasto w trzy dni, a historia zapisze ich imiona złotymi zgłoskami, tylko że... oni wszyscy zginęli! Jestem wdzięczna Janowi Komasie, że pozostawił w cieniu dowódców, którzy wyprowadzili te dzieci na ulice, na rzeź!

Oglądając ten wstrząsająco piękny i prawdziwy film „Miasto 44", miałam uczucie, że obok mnie siedzą Leon i Ludwik Niemczyk. Jestem pewna, że gdyby było to możliwe, bracia wyszliby z kina pogodzeni...

Maria Nurowska

Jedna z najbardziej znanych polskich powieściopisarek, po której książki sięga kilka pokoleń czytelników. Najbardziej znane powieści to m.in. *Rosyjski kochanek*, *Miłośnica*, *Drzwi do piekła*. Książki Marii Nurowskiej przetłumaczono na szesnaście języków.

Wydawnictwo Zwierciadło Sp. z o.o.
ul. Postępu 14, 02-676 Warszawa
tel. 22 312 37 12

Dział handlowy:
handlowy@grupazwierciadlo.pl

Redakcja:
Bohdan Sławiński

Korekty:
Melanż

Projekt okładki i projekt typograficzny oraz skład i łamanie:
Paweł Panczakiewicz/PANCZAKIEWICZ ART.DESIGN
www.panczakiewicz.pl

Redaktor prowadzący:
Magdalena Chorębała

Dyrektor produkcji:
Robert Jeżewski

Zdjęcia na okładce:
portret Leona Niemczyka – „Agnieszka 46", reż. Sylwester Chęciński, 1964, fot. Janusz Zachwajewski, licencja SF Kadr, Filmoteka Narodowa, SF Tor, SF Zebra;
Yolande de Kort / Trevillion Images

ISBN: 978-83-64776-81-6

Druk: **BZGraf S.A., Białystok**

Wydrukowano na Munken Print White 1,8 80 gsm

Munken
BY ARCTIC PAPER
www.arcticpaper.com